马克思主义简明读本

真理的追求

丛书主编：韩喜平
本书著者：张　颖

吉林出版集团股份有限公司

图书在版编目（CIP）数据

真理的追求 / 张颖著. -- 长春：吉林出版集团股份有限公司，2014.4
（2019.2重印）
（马克思主义简明读本）

ISBN 978-7-5534-2598-6

Ⅰ. ①真… Ⅱ. ①张… Ⅲ. ①马克思主义理论－理论研究 Ⅳ. ①A81

中国版本图书馆CIP数据核字（2013）第174371号

真理的追求
ZHENLI DE ZHUIQIU

丛书主编：韩喜平
本书著者：张　颖
项目策划：周海英　耿　宏
项目负责：周海英　耿　宏　宫志伟
责任编辑：陈　曲
出　　版：吉林出版集团股份有限公司
发　　行：吉林出版集团社科图书有限公司
电　　话：0431-86012746
印　　刷：北京一鑫印务有限责任公司
开　　本：710mm × 960mm　1/16
字　　数：100千字
印　　张：12
版　　次：2014年4月第1版
印　　次：2019年2月第3次印刷
书　　号：ISBN 978-7-5534-2598-6
定　　价：29.70元

如发现印装质量问题，影响阅读，请与出版方联系调换。0431-86012746

序　言

习近平总书记指出，青年最富有朝气、最富有梦想，青年兴则国家兴，青年强则国家强。青年是民族的未来，“中国梦”是我们的，更是青年一代的，实现中华民族伟大复兴的“中国梦”需要依靠广大青年的不断努力。

要提高青年人的理论素养。理论是科学化、系统化、观念化的复杂知识体系，也是认识问题、分析问题、解决问题的思想方法和工作方法。青年正处于世界观、方法论形成的关键时期，特别是在知识爆炸、文化快餐消费盛行的今天，如果能够静下心来学习一点理论知识，对于提高他们分析问题、辨别是非的能力有着很大的帮助。

要提高青年人的政治理论素养。青年是祖国的未来，是社会主义的建设者和接班人。党的十八大报告指出，回首近代以来中国波澜壮阔的历史，展望中华民族充满希望的未来，我们得出一个坚定的结论——实现中华民族伟大复兴，必须坚定不移地走中国特色社会主义道路。要建立青年人对中国特色社会主义的道路自信、理论自信、制度自信，就必须要对他们进行马克思主义理论教育，特别是中国特色社会主义理论体系教育。

要提高青年人的创新能力。创新是推动民族进步和社会发展的不竭动力，培养青年人的创新能力是全社会的重要职责。但创新从来都是继承与发展的统一，它需要知识的积淀，需要理论素养的提升。马克思主义理论是人类社会最为重大的理论创新，系统地学习马克思主义理论有助于青年人创新能力的提升。

要培养青年人的远大志向。“一个民族只有拥有那些关注天空的人，这个民族才有希望。如果一个民族只是关心眼下脚下的事情，这个民族是没有未来的。”马克思主义是关注人类自由与解放的理论，是胸怀世界、关注人类的理论，青年人志存高远，奋发有为，应该学会用马克思主义理论武装自己，胸怀世界，关注人类。

正是基于以上几点考虑，我们编写了这套《马克思主义简明读本》系列丛书，以便更全面地展示马克思主义理论基础知识。希望青年朋友们通过学习，能够切实收到成效。

韩喜平

2013年8月

目　　录

引　言 / 001

第一章　马克思主义的真理观 / 003

第一节　真理是主观对客观的反映 / 009

第二节　绝对真理和相对真理 / 017

第三节　实践是检验真理的唯一标准 / 027

第四节　共产主义是人类社会发展的永恒真理 / 046

第二章　马克思主义科学体系的创立 / 071

第一节　马克思主义科学体系产生的时代背景 / 071

第二节　马克思主义哲学 / 078

第三节　马克思主义政治经济学 / 091

第四节　科学社会主义 / 102

第三章　马克思主义对真理的追求 / 117

第一节　科学社会主义在俄国的实践和发展 / 117

第二节　马克思主义普遍真理同中国实际相结合 / 143

参考文献 / 184

引　言

当今社会处于经济全球化、政治多极化、文化多元化的时代，中国作为世界舞台上重要的一员，发挥着不可忽视的作用。中国在经济迅速发展的35年中取得了令人瞩目的成就，同时也面临国内外各类思潮的影响和冲击。

在经济社会转型、经济体制深刻变革、社会结构深刻变动、利益格局深刻调整、思想观念深刻变化的特殊历史时期，我们如何才能坚定共产主义的信念，把握主流价值倾向，充分发挥价值观的引领作用，使整个社会处于安定、和谐的状态，从而为每个人提供人生出彩的机会，坚定中华民族伟大复兴中国梦的理想信念。

本书主要是为了当代青年树立对科学社会主义的信仰，坚定为人类自身解放而奋斗的目标。首先，在理论上论证马克思主义的真理观，即什么是马克思主义意义上的真理，澄清为什么只有实践是检验真理的标准以及为什么共产主义是马克思主义的终极真理。其次，通过马克思主义真理体系创立，来分析马克思主义是如何通过革命实践追求真理的过程。再次，各国通过革命的实践，用马克思主义理论指导、解决各国具体实际，从而形成了独具特色的理论体系，进而丰富发展马克思主义真理体系。在论述真理的追求过程中，为了方便读者的阅读和理解，增加本书的趣味性，运用了理论与事例、理论与历史相结合的方法，形象生动地阐述了马克思主义对真理的追求。

第一章　马克思主义的真理观

在本书介绍马克思主义真理之前，首先要共同了解一下马克思和马克思主义。卡尔·马克思，于1818年5月5日生于德意志邦联普鲁士王国莱茵省（现属于德国莱茵兰–普法尔茨州）特利尔城一个律师家庭。他的父亲希尔舍·卡尔·马克思，后改名亨利希·马克思，是一个非常有名的犹太律师，这对于马克思丰富的思维、严密的逻辑和雄辩的演说才能影响很大。他的母亲罕丽·普列斯堡是荷兰人，出生于犹太法律学者的家庭，贤淑善良，善于持家。后来，马克思在回忆中说，母亲的唠叨对他的鞭策作用几乎是无法估计的。

1830年10月，马克思进入特利尔中学，在中学期间，马克思就立志做一个能为人类而工作的人。中学毕业后，他进入波恩大学，18岁后转学到柏林大学学习法律，但他大部分的学习时间却用在哲学上。1841年马克思以论文《德谟克利特的自然哲学和伊壁鸠鲁的自然哲学之区别》申请获得耶拿大学哲学博士，毕业后担任《莱茵报》主编。后来，因为“林木盗窃案问题”——德国西部有大片的森林和草地，居民经常在这里捡柴、放牧，后来这片区域被德国贵族地主霸占，他们不许居民进入这片土地，后来有居民在森林里捡柴，却被认为是“盗窃”，并且德国议会审议的结果认定居民的行为的确是盗窃行为。马克思发表文章抨击了当时的普鲁士政府，普鲁士政府气急败坏地派人查封了《莱茵报》，马克思也愤而辞去主编职务。通过这件事，马克思逐渐认识到反动政府的丑恶本质。后来马克思遇到了他这一生最好的朋友弗里德里希·恩格斯，恩格斯出生于莱茵省一个工厂主家庭，17岁辍学经商。恩格斯十分欣赏马克思的才华，并在马克思最困难的日子里给予他物质上和精神上的帮助。1844年，马克思完成了《哲学经济学手稿》，1845年和恩格斯一起完成了《德意志意识形态》，论述了历史唯物主义的基本原理。这表明马克思、恩格斯已经完成了从唯心主义到唯物主义、从革命民主主义到科学共产主义的转变。1848年，马克思为共产主义者同盟起草的纲领《共产党宣言》问世，并开始组织领导工人运动，投入到革命的洪流中。在后来被反动政府驱逐的颠沛流离的艰苦岁月里，马克思写出了他最重要的一部著作《资本论》（第一卷），后来的两卷在马克思逝世后由恩格斯整理出版。1883年3月14日，马克思在伦敦寓所内辞世，葬于伦敦北郊的海格特公墓内。

马克思的一生是伟大的一生，他是全世界无产阶级和劳动人民的伟大导师，是伟大的哲学家、经济学家、政治家。他与恩格斯共同创立的科学社会主义，是指引全世界劳动人民实现共产主义这一终极真理的理论武器和行动指南。马克思作为马克思主义的创始人，用毕生的心血为人类留下了宝贵的精神财富，他不畏艰难困苦，为不断求索真理而牺牲奉献的精神给后人树立了光辉的榜样。

在对马克思进行了初步了解之后，接下来就要探讨马克思主义是怎样产生的以及什么是马克思主义的问题。

马克思主义是无产阶级思想的科学体系，任何一个科学体系都是时代的产物，与当时当地的社会状况、思想状况和实践中的经验教训都有直接关系。18世纪60年代，资本主义机器大工业逐渐取代传统工厂手工业的革命兴起，就是我们通常所说的以蒸汽机的应用为开端的第一次工业革命开始了。由于机器的广泛应用，人们的工作效率得到了极大的提高，以英国为例，从1770年到1840年间，每个工人一天的劳动生产率提高了20倍。然而，随着生产力的迅速发展，社会却出现了贫者愈贫，富者愈富的“马太效应”，生活在社会上层的资本家掌握社会的生产资料，他们可以不用劳动就获得财富，而广大工人阶级付出了艰辛的劳动却得不到应有的报酬，因此贫富差距越来越明显。资本家占有全部生产资料，为了获得更多的利润以满足他们贪婪的本性，他们生产的商品越来越多，可是广大工人阶级因为受到严重的剥削，越来越贫困，以至于买不起商品，这样就使得大量商品堆积在仓库里，没有用武之地，也就是所谓的商品生产过剩。1825年，英国爆发了第一次全国性的生产过剩危机。此后，每过几年，资本主义世界都会爆发周期性的经济危机，而这一危机的根源是资本主义制度中生产社会化和生产资料资本家私人占有之间的矛盾，这是资本主义制度没法解决的，这就预示着新的社会制度的产生与发展的必要性，马克思主义就在这样的时代背景下产生了。

当然，随着资本家对广大工人剥削强度的加大，如延长工作时间、降低工人工资、廉价雇用童工等。工人开始不满这种境遇，并作出了相应的反抗。最初工人认为是机器使他们的生活过得如此悲惨，所以他们用捣毁机器、烧毁工厂的形式进行反抗，这不仅遭到了当局的镇压，反而使机器得到了更广泛的应用。后来随着工人对实践经验教训的总结，他们认识到有组织有纪律的罢工的重要性。最典型的欧洲三次工人大罢工就是：1831年法国里昂工人大罢工；1838年英国宪章运动；1844年德国西里西亚纺织工人大罢工。这三次大罢工标志着现代无产阶级作为独立的政治力量登上了政治舞台。工人运动的失败表明，理论的指导和无产阶级政党的领导的作用非常重要，无产阶级迫切需要科学的世界观以及对现存世界进行革命改造的系统理论的指导。这就成为马克思主义产生的阶级基础和实践基础。

科学学说的创立和发展需要站在巨人的肩膀上，即任何一个理论的产生都是在对人类文明成果的批判继承和创新的基础上产生的，马克思主义也不例外。马克思主义的直接理论来源是德国古典哲学、英国古典政治经济学和法国的空想社会主义。马克思在批判吸收这些文明成果的基础上，结合当时工人所处的时代背景和实践经验进行创新，从而形成了由马克思主义哲学、马克思主义政治经济学和科学社会主义组成的马克思主义理论体系。

从狭义上说，马克思主义是指马克思、恩格斯创立的基本理论、基本观点和学说体系；从广义上说，马克思主义既包括马克思、恩格斯创立的马克思主义的基本理论、基本观点和学说体系，也包括继承者对它的发展，即在实践中不断发展着的马克思主义。比如在之后的社会发展过程中，各个社会主义国家根据当时的时代背景和现实国情所产生的一系列的对马克思主义丰富发展的理论，包括列宁在领导俄国革命和建设时对其的继承和发展，以及中国共产党在进行革命、建设、改革和发展过程中形成的具有中国特色的毛泽东思想、邓小平理论、“三个代表”重要思想和科学发展观等重大战略思想在内的科学理论体系。马克思主义是一个开放的理论体系，在社会发展进程中，会有越来越多的理论产生，丰富这一科学的理论体系，同时，这一科学理论体系，也将指导人们更好地建设自己的祖国。

归根到底，何为马克思主义？马克思主义就是关于人类解放的学说。马克思主义是真理，我们要在马克思主义的指导下，不断追求真理。

第一节　真理是主观对客观的反映

马克思主义认为，真理是主观符合客观的哲学范畴，是人们对客观事物及其规律的正确认识和反映。

一、真理的客观性

真理的客观性是其根本属性。一般来说，可以从三个不同的层次来理解客观性。首先，在本体论意义上，客观性是指客观事物对人来说所具有的实在性，即不以人的主观意志为转移的独立存在的特性。其次，在认识论意义上，客观性是指认识客体对主体来说具有先在性和外在性。再次，在知识论意义上，客观性是指作为认识结果的思想理论、知识体系、价值观念等与认识的对象相符合相一致，从而所具有的普遍性和必然性。因此，一切同客观事物及其发展规律相符合的定律、学说、体系都是真理。同时，检验真理的标准——实践也是客观的，因为检验真理的标准只能是客观的社会实践，不能是任何个人、任何阶级的主观意志。这些经得起实践检验、验证、主观和客观相符合的认识就是真理。

承认真理的客观性，是真理问题上的唯物论。唯物论之所以坚持真理的客观性是因为它坚持物质第一性，意识第二性，物质决定意识，意识是对物质的反映这一基本的哲学问题的前提。在这一前提的指导下，就必须承认人们的认识来自客观物质世界，认识是能够与客观相符合、相一致的。承认这一点，也就承认了真理的客观性。我们要反对唯心主义否认客观真理的错误观点。

真理的客观性决定了真理的一元性，真理的一元性是指对于特定认识的客体来说，真理只有一个。即在同一时间、地点、条件下，人们对真理的认识只能有一个，不因人而异，真理面前人人平等。虽然，不同的人在认识活动过程中，由于观点、立场、角度、方法等方面的差异，对同一事物的认识会出现“仁者见仁，智者见智”的现象，但是这并不能表明所有人的认识都是真理，只有反映事物本质和规律的正确认识才能被称为真理。也就是说，对于特定实践活动中特定的认识对象来说，只有一个能与认识对象的状态、本质和规律相一致的认识才是唯一的真理。

以伽利略在比萨斜塔上的实验为例，伽利略是意大利的物理学家、天文学家，他在比萨母校任数学教授期间，特别注重观察、思考和实验。1590年，25岁的伽利略对亚里士多德的经典理论“如果两件东西同时从空中扔下，必定是重的先着地，轻的后着地”提出了质疑，在伽利略看来，不管是轻的还是重的，从空中同时扔下后会同时落地。这在当时引起了人们的嘲讽，亚里士多德的思想在当时被奉为金科玉律，从来没有被任何人怀疑过。为了证明自己，伽利略宣布要在比萨斜塔上进行一次实验，教授、校长等人气势汹汹地赶来，看他当众出丑，当伽利略左手拿一个铁球，另一只手拿一个重十倍的铁球准备实验时，还是没人相信伽利略会是对的。当伽利略松开两手，两只球从空中落下，“咣当”一声同时落地后，在场的人一片寂静，接着便嚷作一团。校长和教授仍然认为，亚里士多德是不会错的，一定是伽利略在球上做了手脚。伽利略说他可以重新再做一次，而校长说：“不必了，亚里士多德是靠道理说服人的，轻的东西肯定比重的落得慢，这是公认的道理。就算你的实验是真的，也不符合道理，不能让人认同。”伽利略说：“如果你们不相信事实，我们就讲道理，假如重物比轻物落得快，现在把两个球绑到一块，从空中扔下，按照亚里士多德的道理，它落下时是比重球快还是慢呢？”校长思考了一下，解释道：“当然是比重球快了，因为大球加小球，自然更重了。”这时旁边的教授反驳道：“当然比重球慢，因为重球加轻球，轻球拉着重球，下落的速度应该是两球的平均值。”伽利略听后，笑着说：“按照亚里士多德的理论，怎么会有两个结果呢？”校长和教授面面相觑，说不出话来。伽利略慢条斯理地说：“看来亚里士多德错了，物体从空中自由落下时，不管轻重，都同时落地。”

从以上我们可以得出，真理具有不以人的意志为转移的客观性，真理最根本的特征就在于对客观事物的本质和规律的正确揭示，在于思想与客观事物的本质和规律的一致性。亚里士多德违背真理的客观性，以主观臆断得出了错误的结论，并被后人当作“真理”持续了1900年之久。伽利略不盲从于前人的认识，大胆怀疑，小心求证，最终揭开了真理的面纱，发现了真理的本来面目，从而赢得了世人的尊重。

二、真理的主观性

真理属于认识论范畴，它作为人的整个认识活动中正确的认识来说，终究是一种观念性的存在，具有主观精神现象的特征。真理作为人们的认识成果，必然带有人们的主观印记。因此，真理在某种程度上来说具有主观性。

真理反映的虽然是客观事物的本质及其规律，但这种反映并不是盲目被动的，而是由认识主体的人在充分发挥主观能动性的基础上去正确认识、反映客观事物的。

真理的主观性首先表现为主体所主导的主观选择性。基于这样一种认识，我们可以了解到，并不是所有的主体以外的客观对象都会成为主体的选择、认知的对象，从而对其进行观察、探讨、分析，得出关于事物本质规律性的认识，找到属于特定事物的真理。当然，也并不是进入主体认识范围内的每一个部分和侧面都成为认识对象。主体会根据自身在社会生活中的需要来选择认识的对象。这就是为什么在社会生活中不同领域的人所关注的重点不同。主体的需要不同，所关注的确定的对象就不尽相同，外在事物即使进入人们的感知范围，也会出现充耳不闻、视而不见的现象。正是由于主体的这种主观选择性，所以真理性的认识既来源于人们的生活实践，又能有效地指导和服务于人们的生活实践。

其次，真理的主观性体现为主体的主观创造性。人们在认识确定的对象时，会发挥人的主观能动性，积极主动地去认识客体。主体会根据自己已有的知识图式认识、理解客体，从而发觉客体的本质规律，进而对其进行加工改造，然后把形成的知识体系在实践中加以检验。就感性认识来说，它是人们在实践基础上由感觉器官直接感知的认识，被感觉、知觉、表象等形式整合。理性认识则是在感性认识的基础上对事物本质规律的认识，通过概念、判断、推理等形式更深刻、更完整地反映对象。这种理性认识如果在后来的实践中取得了预期的效果，达到预想的目的，从而证明这种认识具有普遍的客观性，那么这种认识就是真理性的认识。

三、真理是主观和客观的统一

回归到真理的概念中来，真理是人们对客观事物及其规律的正确认识和反映，最终达到主观和客观的统一，使人类的认识与被认识的事物相符合。从真理来源于客观事物的本质和规律来看，真理具有客观性，从认识论的角度来说，真理离不开人的认识，所以在一定程度上真理又具有主观性，如果单纯地理解真理是纯粹客观的或纯粹主观的没有任何意义，要想真正地把握真理的真谛，还需要辩证地看待两者的关系。

上面我们已经知道，真理属于认识论范畴，是思维的产物，毫无疑问它是人所特有的，属于主观精神世界的东西。可是，当真理作为主体认识的结果，经过去粗取精、去伪存真、由此及彼、由表及里的加工和改造，并在实践中加以证实，就转化为正确的知识而存在。这样，真理作为再认识的对象，已经具有了思想客体或精神客体的性质，当人们判定一种真理何以为真理时，不可避免地同样要遵循客观性原则，要求真理本身具有客观性，不能含有任何主观随意性、臆断性、虚妄性的成分，使主观符合客观。因此，我们可以得出：特定主体的主观认识只有正确反映客观事物的本质和规律才能是真理；客观事物的本质和规律只有对应一定的主观认识能力才能概念化为真理。真理的客观性和主观性是相互限定的过程。

以“地心说”和“日心说”为例，最初，托勒密认为，地球处于宇宙中心且静止不动，从地球向外依次有月球、水星、金星、太阳、火星、木星和土星，在各自的轨道上绕地球运转。到了16世纪，波兰天文学家哥白尼在古希腊先辈和同时代学者的基础上，经过近40年的辛勤研究，在分析过去的大量资料和自己长期观测的基础上，于1543年出版的《天体运行论》中，系统地提出了“日心说”。认为太阳是宇宙的中心，地球和其他行星都绕太阳转动。由于托勒密所处的时代，人们的认识能力有限，没能把真理的客观性、主观性统一起来，即没能做到主观符合客观，从而产生了谬误。哥白尼在前人经验的基础上，结合自己的观测、分析、研究，将主观能力所认识到的事物的本质规律概念化为真理，即主观正确反映客观。

真理作为一种认识，离不开主体的活动，主体把客观对象作为人类认识的出发点，客观对象的存在使认识产生成为可能，一定的客观对象规定着一定的认识指向和内容。“反映”范畴就表明认识同客观事物的联系，并从这一联系中获得自己的内容。反对把真理看作纯粹精神性的活动，或独立于物质世界之外的观念，不能割裂真理同客观现实的联系。实际上，主体在改造客体的同时也被客体所改造，主体在掌握客体的同时，也被客体所制约，真理就是主观和客观的统一。

第二节　绝对真理和相对真理

绝对真理和相对真理是同一真理的两种不同属性。在具体介绍绝对真理和相对真理之前，我们首先要弄清什么是绝对和相对。相对与绝对是反映事物性质的两个不同方面的哲学范畴。相对，是指有条件的、暂时的、有限的；绝对，是指无条件的、永恒的、无限的。相对和绝对，都是同一事物既相互联系又相互区别的两重属性。

马克思主义哲学认为，世界上一切事物既包含有相对的方面，又包含有绝对的方面，任何事物都既是绝对的，又是相对的。宇宙中的各个具体事物和每个具体过程都是有条件的、有限的、相对的，而整个宇宙的存在和发展又是无条件的、无限的、绝对的。绝对和相对、有限和无限等于同一个世界的部分、阶段。绝对和相对的关系，是辩证的统一。绝对和相对既互相区别，又互相联系。没有绝对，就没有相对；没有相对，也就无所谓绝对。绝对存在于相对之中，并通过无数相对体现出来；在相对中有绝对，离开绝对的相对也是没有的。

一、绝对真理

对于绝对真理的含义我们可以从三个方面加以理解：

第一，从真理的客观性来说，真理是不依赖于人和人的意志的客观内容，是对客观对象的本质和规律的正确的反映，这一点是绝对的、无条件的。正如列宁在《唯物主义和经验批判主义》中说的："当一个唯物主义者，就要承认感官给我们揭示的客观真理。承认客观的即不依赖于人和人类的真理，也就是这样或那样地承认绝对真理。"①

第二，从世界的可知性来说，即人类能够认识无限发展着的物质世界，而且人类认识或思维具有至上性，即人的认识能力的无限性和绝对性，一方面从人类思维是自然界长期发展的产物，人类是完全可以认识无限发展的客观世界的，在人类思维和客观世界之间没有也不可能有任何不可逾越的鸿沟。另一方面，人类思维的目的不仅仅是为了认识世界，其最终的目的是为了改造世界，从而满足人类自身生存和发展的需要。人类

① 《列宁选集》第2卷，人民出版社1995年版，第92页。

的这种无止境的需要促使人们不断地去认识世界，在认识世界的基础上，充分发挥主观能动性，进行改造世界的实践活动，在实践过程中，不可避免地会发明创造一些新工具，从而延伸人类的认识能力，扩展了人类认识的广度和深度。从这个意义上讲，人类认识能力是至上的、无限的。所以，在人类社会发展进程中，每一次真理的获得都是超越以往的界限，对无限发展的物质世界的接近。承认世界是可以被认知的，就必然承认会有绝对真理。

第三，从真理的发展来说，任何真理性的认识都是从相对走向和接近绝对的过程，无数相对真理之和构成绝对真理。这一点是绝对的、无条件的。

我们了解了什么是绝对真理，还要进一步了解什么是相对真理，从而才能更好地弄清二者之间的关系。

二、相对真理

正确看待相对真理需要从下面三个方面着手：

第一，从广度来说，任何真理都只是一定范围内的认识，有待扩展。人们对客观世界的把握，总是受社会历史条件、人类的认知水平和能力的制约，只能是对无限发展的世界的一定范围、一定层次的认识，所以是不完全的、有限的、相对的。

第二，从深度上说，任何真理都只是客观事物和规律的近似正确认识，有待深化。由于主观和客观条件的限制，任何真理性的认识都是对事物本质和规律近似正确的认识，认识对象内部的规定以及外部联系总是多种多样、充满变化的，人们的认识没法穷尽。所以，要不断地深化和追求对真理的认识。

第三，从进程上说，任何真理都只是对事物发展的一定阶段的正确认识，有待发展。真理是一个不断发展的历史过程，毛泽东曾做过详细生动的说明："马克思主义者承认，在绝对的总的宇宙发展过程中，各个具体过程的发展都是相对的，因而在绝对真理的长河中，人们对于在各个一定阶段上的具体过程的认识只具有相对的真理性。无数相对的真理之总和，就是绝对真理。"①

在真理这条"长河"中，不同的阶段会有不同的"水滴"和"河段"融入进来，这些无数的"水滴"和"河段"的

①《毛泽东选集》第1卷，人民出版社1991年版，第295页。

交融混合成就了“长河”。所以，无数相对真理的总和构成了绝对真理，每一阶段的真理都是有限的、有条件的，需要不断地发展、完善。

三、绝对真理和相对真理的对立统一

绝对真理和相对真理的关系是对立统一的关系，它们并非不同的真理，而是同一真理的两种不同属性。从对客观事物正确的认识而言，它是绝对的，永远不能被推翻；就其对客观事物近似正确而言，它是相对的，要不断深化发展。二者的统一关系主要表现在以下两点：

第一，绝对真理和相对真理是相互联结、相互渗透的。

一方面，相对真理之中包含绝对真理，我们在社会历史发展过程中所获得的任何真理都是相对真理，都包含着绝对真理的成分和颗粒。每一次发现新的相对真理，每一阶段对相对真理的丰富和发展，都给绝对真理的总和增添了一“粟”。正是因为相对真理中含有绝对真理，所以才能体现真理的根本属性客观性。另一方面，绝对真理寓于相对真理之中，绝对真理要通过相对真理表现出来，无数相对真理之总和构成了绝对真理。人们对真理的认识像登山运动员登山一样，每登高一步，就接近顶峰一步。与登山不同的是，人们永远不可能达到真理的顶峰，因为客观世界的发展是无限的，人们认识的发展也是无限的，人们只能不断地接近无限发展的客观世界，但永远不会达到终点。

第二，绝对真理和相对真理是辩证转化的。

真理的发展是一个过程，是一个由相对走向绝对的永无止境的转化和发展的过程。人类对于客观事物的任何真理性的认识，都是属于由相对真理转化为绝对真理的过程中的一个环节。由于相对真理中包含有绝对真理的成分，而绝对真理这个总和又是由无数相对真理构成，所以，人们在追求真理的过程中总是不断扩展、深化、发展包含着绝对真理的相对真理，从而趋近于无限发展的物质世界的绝对真理。这其中必然充满着各种辩证的转化过程。

科学发展观作为对马克思列宁主义、毛泽东思想、邓小平理论、“三个代表”重要思想既一脉相承又与时俱进的科学理论，是绝对性和相对性的统一。科学发展观的第一要义是发展，核心是以人为本，基本要求是全面协调可持续，根本方法是统筹兼顾。科学发展观要求我们以经济建设为中心，聚精会神搞建设，一心一意谋发展。转变发展方式，提高发展质量和效益，实现经济又好又快发展。社会的进步，经济的发展，最终是为提高人民的生活水平和质量，为人民服务。因此要坚持以人为本，把实现好、维护好、发展好最广大人民的根本利益作为党和国家一切工作的出发点和落脚点，促进人的全面发展，做到发展为了人民，发展依靠人民，发展成果由人民共享。在追求发展的过程中，还要顾及各个方面的协调发展，使发展具有连续性、持久性。建设资源节约型、环境友好型社会，使经济发展与人口资源环境相协调。最后，要正确认识和妥善处理中国特色社会主义事业中的重大关系，统筹城乡发展、区域发展、经济社会发展、人与自然和谐发展、国内发展和对外开放、统筹中央和地方关系、统筹个人利益和集体利益、局部利益和整体利益、当前利益和长远利益，充分调动各方面积极性。

科学发展观作为真理，它的绝对性主要体现在它是立足于我国社会主义初级阶段的国情，社会主要矛盾是人民日益增长的物质文化的需要同落后的社会生产之间的矛盾，在这样一种客观条件下提出的。科学发展观是根据我国处于经济体制深刻变革、社会结构深刻变动、利益格局深刻调整、思想观念深刻变化的阶段性特征提出的。这些社会现实和阶段性特征是客观的，是不以人的意志为转移的，是指导现代化建设实践的真理，是绝对的。同时，科学发展观作为真理也是相对的，科学发展观作为科学的理论体系，它的产生发展不是一次性完成的，而是随着时代和实践的发展不断丰富发展的。

了解了绝对真理和相对真理的对立统一关系后，我们要正确对待马克思主义。马克思主义作为真理是绝对性和相对性的统一，要把马克思主义看作一个开放的理论体系，一方面坚持马克思主义在社会发展中的理论指导地位，用发展的马克思主义指导新的实践；另一方面，根据社会历史实际状况，不断总结理论经验教训，丰富发展马克思主义。总之正确对待马克思主义的科学态度就是坚持和发展的统一，在坚持中发展，在发展中坚持。中国特色社会主义理论体系包括邓小平理论、“三个代表”重要思想以及科学发展观等重大战略思想在内的科学理论体系，就是对马克思列宁主义和毛泽东思想的坚持和发展。

坚持绝对真理和相对真理的辩证关系，就要反对形而上学的绝对主义和相对主义真理观。绝对主义夸大了真理的绝对性，否认了真理的相对性。绝对主义认为人们所获得的真理都是绝对真理，真理不可能是相对的。人们所获得的真理具有永恒不变性，它穷尽了人们对于客观事物的一切认识。绝对主义否认了真理的发展。其中教条主义、经验主义是绝对主义的表现。相对主义夸大了真理的相对，否认了真理的绝对性。相对主义否认了绝对真理，必然同时否认了客观真理，从而把真理变成了主观随意的东西。

在中国革命历史过程中，曾经出现过把马克思主义真理绝对化的现象，把不断发展的马克思主义看成绝对不变的教条，当成一种现成的公式，到处乱套，不考虑社会主义经济发展规律和中国经济的基本情况，结果导致在实践中失败。新中国建立后，由于照搬苏联社会主义模式，不从实际出发探索社会主义建设的规律，结果导致了“大跃进”运动，给中国带来了一场空前的经济灾难。

1958年5月，中共八大二次会议正式通过了“鼓足干劲、力争上游、多快好省地建设社会主义”的总路线。尽管这条总路线的出发点是要尽快地改变我国经济文化落后的状况，但由于忽视了客观经济规律，根本不可能迅速地改变我国经济文化落后的状况。总路线提出后，中国共产党发动了“大跃进”运动。“大跃进”运动在生产发展上追求高速度，以实现工农业生产高指标为目标，要求工农业主要产品的产量成倍、几倍、甚至几十倍地增长。例如，提出钢产量1958年要比1957年翻一番，由335万吨达到1070万吨，1959年要比1958年再翻番，由1070万吨达到3000万吨。粮食产量1958年要比1957年增产80%，由3900亿斤达到7000亿斤左右，1959年要比1958年增产50%，由7000亿斤左右达到10500亿斤。“大跃进”运动在建设上追求大规模，提出了名目繁多的全党全民“大办”“特办”的口号，例如，全党全民大炼钢铁，大办铁路，大办万头猪场，大办万鸡山。在这样的目标和口号下，基本建设投资急剧膨胀，三年间，基建投资总额高达1006亿元，比一五计划时期基本建设总投资几乎高出一倍。积累率突然猛增，三年间平均每年积累率高达39.1%。由于硬要完成那些不切实际的高指标，必然导致瞎指挥盛行，浮夸风泛滥，广大群众生活遇到了严重的困难。1960年提出要长期保持“大跃进”，继续要求工农业生产达到不切实际的高指标，从1958年“大跃进”开始的三年“左”倾冒进导致了国民经济比例的大失调，并造成严重的经济困难。

所以，真理是相对性和绝对性的统一，对待真理的态度应该是坚持和发展的统一，只有用真理指导发展中的现实，才能真正地做到实事求是，一切从实际出发。如若不然，就要受谬误的惩罚。

第三节　实践是检验真理的唯一标准

一、社会生活本质上是实践的

马克思主义认为，实践是人类能动地改造客观世界的物质性活动，比如工人做工，农民种田，战士守卫边疆，科学家搞实验，医生看病，学生学习，教师上课等都是实践活动。它是“做”和“行动”，是人们有目的地作用于客观对象的一种活动。实践是具有感性的即物质性的性质和形式的客观活动。不仅强调人可以认识世界，更强调人可以充分发挥主观能动性，去改造世界以满足人类自身的需要。实践不同于动物本能的被动的适应环境的活动，它具有物质性、自觉能动性和社会历史性等基本特征。首先，实践具有客观现实性即物质性。因为构成实践活动的要素，包括实践主体、实践客体、实践手段都是客观的；实践所得的结果也是客观的，用以指导人们的生活；实践的水平和发展受客观条件和水平的制约，也是客观的。其次，实践具有自觉能动性即目的性。人是具有理性思维的人，他的实践活动一定是在一定理论或意识的指导下有计划、有组织、有目的地进行，人会在认识世界的基础上，根据自身的水平和能力通过实践活动改造世界。再次，实践具有社会历史性即社会制约性。人是历史的产物，每个历史时代以及每个时代的每一阶段，人们所处的社会历史条件各不相同。特定的历史发展阶段、经济发展水平以及人们的认识能力客观地制约着实践活动。

实践是使物质世界分化为自然界与人类社会的历史前提，即物质世界存在着两种不同的形态：自然界和人类社会。狭义的自然又称大自然，是指自然科学所研究的无机界和有机界，不包括人类社会在内。广义的自然界指整个客观物质世界，它既包括自然科学所研究的无机界和有机界，也包括社会科学所研究的人类社会。这里的自然界是独立于人的活动以外的客观世界。劳动创造了人，正是由于人类的实践活动，不断改造客观世界，才使人之为人，把人类自己从自然界中提升出来，从而使自然界成为自己的对象。同时，实践又是使自然界与人类社会统一起来的现实基础。因为人类作为自然界的一部分，最初是从自然中提升出来的，所以自然界是人类社会赖以生存的前提，人需要不断地认识自然，发现自然的规律，根据自身的需要通过实践活动改造自然，从而丰富发展人类社会。所以，人类实践活动作为中介，把自然界和人类社会统一了起来。总之社会是由人组成的，人们为了适应自然和运用自然，以便长久和更好地生活，必须要不断地发现和研究自然规律，这就要求人们必须不断地去实践。人类社会就是在这样一种适应自然、发现自然、运用自然、改造自然的过程中不断向前发展的。这一切活动的过程中始终需要实践作为一切活动的基础。

实践是人类社会的基础，一切社会现象只有在社会实践中才能找到最后的根源，才能得到最终的科学说明。社会生活的实践性主要表现在：首先，实践是社会关系形成的基础。在实践过程中，如农民种地，人与土地必然会发生联系。当农民之间相互分享、传授种地的经验时又必然地会发生人与人之间的关系，农民在种地以及和其他人传授经验时，这整个的过程会以观念的形式存在。因此，人与意识的关系也生成于实践活动过程中。由以上可知，人与自然的关系、人与人的关系以及人与其意识的关系构成了基本的社会关系，实践以浓缩的形式包含着全部社会关系，成为社会关系的发源地。其次，实践形成了社会生活的基本领域。社会生活的基本领域包括物质生活领域、政治生活领域和精神生活领域。人们在社会实践过程中，为了满足自身在经济、政治和精神层面的需要，不断发挥主观能动性，进行改造自然、改造社会、改造自身的活动，从而形成社会生活的基本领域。再次，实践构成了社会发展的动力。人民群众是历史的创造者，人自己创造自己的历史，人既是历史的“剧中人”，也是历史的“剧作者”。人的实践活动推动社会历史的变迁和进步。综上所述，人的全部社会生活的内容就是不断进行社会实践活动，社会生活在本质上都是实践的。

二、实践与认识的关系

实践是人的存在方式，在人类认识世界和改造世界的过程中，实践和认识是密切联系的、不可分割的。

（一）实践决定认识

第一，实践是认识的来源。

认识形成的可能性和现实性都是由实践提供和决定的。人们只有在实践中同客观事物接触并反复作用，变革客观对象，使客观对象的各种特性暴露出来，客观对象的特性作用于人的感官，反映到人们的头脑中，人们才能透过纷繁复杂的现象深入到事物内部，认识其本质和规律。

西红柿生长在南美洲茂密的森林里，尽管它很讨人喜爱，但由于其颜色鲜艳，当地人认为它有剧毒，不用说吃，就连碰也不敢碰它，并给它起了个吓人的名字叫“狼桃”。到了16世纪，有一个英国的公爵在旅行时发现了它，就带回了几株，将它栽种在皇家花园里供观赏。直到18世纪，法国有一位画家抱着献身的精神，决心要尝试一下。在吃之前，画家做好了牺牲的准备，吃完之后，就躺在床上等待“上帝的召见”。

可是时间过了很久，他不但没有死，而且也没有任何不舒服的感觉。这种勇敢的尝试，让人们产生了“西红柿可以吃”这一认识，从此全世界开始普遍食用西红柿。这个历史上的真实故事说明了一个哲理：认识只能产生于实践，离开实践，人类就不能获得认识，科学就不能发展。事实告诉我们，人们的认识不是从天上掉下来的，也不是自己头脑里固有的，只能从社会实践中来。只有在实践中，人们通过眼、耳、鼻、舌、身这些感觉器官和西红柿或别的什么客观事物相接触，才使这些客观的东西反映到人的头脑中来，才有认识。俗话说：“不经一事，不长一智”，“不见不识，不做不会”，“不入虎穴，焉得虎子”，“百闻不如一见，百见不如一干”等，说的都是这个道理。一个闭目塞听、同外界完全隔绝的人，是无所谓认识的。人们的许多知识都是从生产实践、科学实验等社会实践中来的。

认识来源于实践，对于人的知识获得方式而言，不外乎是直接经验和间接经验两种。可是每个时代每个人不需要也不可能事事都从自己的直接经验中获得，多数还是从间接经验中得来的，间接经验也是由直接经验转化而来的。所谓直接经验就是自己直接从实践中获得的，如上面吃西红柿的例子中，画家直接尝试西红柿所获得的经验就是直接经验。间接经验就是自己从别人的经验教训中所获得的认识，如学生通过读书从书本里获得的知识，通过听课从教师那里获得的知识。直接经验和间接经验是“源”与“流”的关系，间接经验是由直接经验转化而来的。因此，就个人而言，既要注重参加社会实践获得直接经验，也要重视向他人和书本学习，获得间接经验。把读万卷书和行万里路结合起来，只有这样才能较为全面地丰富发展自己的认识，扩展自己的视野。

第二，实践是认识发展的动力。

人类的认识不是一成不变的，它总是由浅入深、由片面到全面、由低级到高级地发展着。首先，实践的发展不断提出新的认识课题，提供新的经验，提高人的认识能力，从而推动认识的发展。在实践过程中，矛盾不断解决又不断产生，需要解决的新课题不断涌现，这就会推动人们去探索、去研究。其次，人们的认识能力归根结底也是在实践基础上形成和发展的。社会实践水平越高，人类的认识能力就越强。因而，人们能够在新的实践水平上总结新经验，回答新课题，获得新认识，产生新科学，使人类的认识不断发展。再次，实践的发展提供了新的认识工具和技术手段。人靠感觉器官直接接触外界事物的范围很有限，思维器官的能力也有一定的限度，因而要不断地认识世界就需要新的工具和技术手段。任何改造客观事物的工具，同时也是认识客观事物的工具。随着生产实践的发展，人们还制造了专门用于认识世界的工具，如望远镜、显微镜、人造卫星、电脑等。现代实践提供着越来越多、越来越精密的认识工具和技术手段，日益扩大了人们的视野，帮助人们深入探索和研究客观世界的奥秘，促进了认识的发展。

第三，实践是检验认识真理性的唯一标准。

马克思说，人的思维是否具有客观的真理性，是一个实践问题。人应该在实践中证明自己思维的真理性。中国改革开放以来在经济领域获得的成就，如全面建设社会主义市场经济体系；基本实现总体小康，人民生活水平显著提高；综合国力不断增强，国际地位显著提高；科技实力不断增强，我国已跻身于世界科技大国行列，这些都验证了改革开放的真理性。

第四，实践是认识的最终目的。

人类认识世界的目的是为了改造世界，实践在认识中产生，必须回到实践中才能指导服务于实践，从而实现对世界的改造。比如学习开车的目的是为了在之后的生活中能够开车行驶在公路上，对开车知识和技术的认识，最终是为了运用到实践中去。学习游泳的人必须深入到水中才能真正学会，如果只是单纯地在岸上反复推敲姿势，不亲自下到水里去实践，估计最后还是旱鸭子，达不到最终的目的。

（二）认识反作用于实践

前面我们讲到实践对认识的决定作用，同时认识对实践还具有反作用，这种反作用主要表现为两方面：一方面，先进的、正确的认识指导实践，能使实践达到预期的效果，促进人类世界的进步与发展。这里我们以认识的高级形式——科学理论对实践的指导作用为例，科学理论是对事物本质和规律的认识，它可以而且应该走在实践的前面，指导实践活动的进程。科学理论能遇见未来，端正实践的方向。科学理论作为一种精神，能推动人们在实践中创新。

泰勒斯是古希腊时期的思想家、科学家、哲学家，是希腊最早的哲学学派——米利都学派的创始人。公元前6世纪的某一天，泰勒斯从大街上风尘仆仆地走过，衣衫褴褛，惹人注目。有一位商人走向前，指着他挖苦道：“泰勒斯，都说你是一个知识渊博的哲学家，可是据我看来，理论是没有用的。理论知识既不能给你带来金子，也不能给你带来面包，只能给你带来贫困和寒酸。”泰勒斯听了十分生气，他反击说：“我不能容忍你利用我的贫困来贬低和攻击理论的作用。我要用事实来教训你，等着瞧吧！”泰勒斯不甘受侮。他决心化理论为力量。他运用了丰富的天文、数学和农业知识，经过周密的预测和计算，断定明年将是橄榄的大丰收年。到了冬天，他拿出所有的钱，以相当廉价的租金，租了附近所有的榨橄榄油的器具。果然不出所料，第二年，橄榄获得空前大丰收，对榨油器的需求骤然剧增。可是全部榨油器已经被泰勒斯垄断了。泰勒斯乘机抬高租金，许多想租用榨油器的人都拥挤在泰勒斯的门前。那位曾经挖苦过泰勒斯的商人也满头大汗地在人群中挤来挤去。泰勒斯一眼就看见了他，便走上前去用嘲弄的口吻对他说：“高贵的商人，看到了吧？这些榨油器都是我用理论知识搞到手的。我要想发财，简直易如反掌，只要略施小计，就可以像你一样有钱。但是我追求的并不是几个小钱，我需要的是理论知识这一无价之宝，这是金钱买不到的伟大力量。”泰勒斯把自己丰富的科学理论知识运用到实际生活中去，达到了预想的目的，赢得了胜利。这一有趣的故事生动有力地说明了：知识就是力量，科学理论知识在实践中的巨大作用是绝不容轻视的。辩证唯物主义认为，实践对认识具有决定作用，同时认识又对实践具有反作用。科学理论是认识的结晶，对实践起指导作用，是行动的指南。这是因为科学的理论可以透过现象，抓住事物的本质，反映事物发展的趋势，为确定行动的方向、计划、措施提供了依据。因此说科学理论知识在实践中是不可缺少的。一个医生要正确地诊断和治疗疾病，必须有正确的医学理论作指导；一个土木工程师要正确地设计房屋和组织施工，必须有建筑学理论作指导；一个商人要想获得好的经济效益，就需要掌握大量的经济学理论和市场学知识……否则人们的行动就会没有正确的方向，就会像“盲人骑瞎马，夜半临深池”那样，就会像那个眼光短浅、愚昧无知的商人一样，不得不在胜利者面前，低下惭愧的头。

另一方面，落后的、错误的认识指导实践，就会对实践产生消极的甚至破坏的作用，阻碍人类世界的进步与发展。

“文化大革命”就是由于毛泽东对党内和国内的政治状

况作了错误的估计，又采取了一种错误的方法，所进行的一场所谓的“革命”。毛泽东发动这场“大革命”的出发点是防止资本主义复辟、维护党的纯洁性和寻求中国自己的建设社会主义的道路。但他对党和国家政治状况的错误估计已经到了非常严重的程度，他认为党中央出现了修正主义，党和国家当时面临资本主义复辟的现实危险。正是在这一错误认识的指导下，中国进入了动荡的内乱时期，这一时期国民经济发展缓慢，生产比例关系长期失调，经济管理体制更加僵化。国民收入损失达5000亿元，人民生活水平不但没有提高，有些方面甚至有所下降。“文化大革命”对教育、科学、文化的破坏尤其严重，影响极为深远。很多知识分子受到迫害，学校停课，文化园地荒芜，许多科研机构被撤销，在一个时期内造成了“文化断层”、“科技断层”、“人才断层”。“文化大革命”这十年不仅没有缩小中国同其他发达国家的差距，反而拉大了差距，阻碍了中国的发展与进步。

三、认识运动的基本规律

认识运动是一个辩证发展的过程：从实践到认识；从认识

到实践；实践，认识，再实践，再认识，循环往复以至无穷。

（一）从实践到认识

认识来源于实践，从实践中获得的认识包括两种形式：感性认识和理性认识。我们首先来认识一下感性认识、理性认识以及二者的辩证关系。

感性认识是认识的初级阶段，是人们在实践的基础上，由感觉器官直接感知所获得的关于事物的现象、外部联系及事物各方面的认识。感性认识具有直接性、具体性的特点。感性认识包括感觉、知觉和表象三种形式，感觉是人对事物的最初反映，是主体的感官对内外环境适宜刺激物的反映形式。它反映事物的表面的个别属性，例如，可见光线通过人的眼睛转化为神经过程，产生视觉；一定的声波作用于人的耳朵，引起神经兴奋，产生听觉。知觉是对客观事物表面现象或外部联系的综合反映，它为主体提供客观对象的整体映象。知觉不是感觉的简单总和，它是主体依据以往的经验和知识对感觉所提供的各种特征和外部联系分析和综合的产物。表象是曾经作用于感官的事物的外部形象在人的意识中的保存、再现或重组。感性认识是生动的、直观的，它通过具体生动的形象直接反映外部世界，不够深刻，这恰恰是它的局限性所在。如我们通常所说的“熟知非真知”，“感觉到了的东西，我们不能立刻理解它”。

理性认识是认识的高级阶段，是人们在感性认识的基础上，借助抽象思维，通过对大量可靠丰富的感性材料进行去粗取精、去伪存真、由此及彼、由表及里的加工，从而达到对事物本质、内部联系和事物自身规律的认识。具有间接性、抽象性的特点，理性认识包括概念、判断、推理三种主要形式。概念是对事物本质属性的概括；判断是在概念的基础上对事物的各种关系进行区分、识别；推理是由一个已知的判断推出另一个判断。这三种形式是认识的不断深化，具有递进性。

人的认识是一个由低级到高级的渐进过程，人不可能永远停留在认识的初级阶段，人在实践活动中会根据需要，在感性认识的基础上把认识继续深化、延伸，从而从根本上认识、把握事物的本质和规律，达到认识的高级阶段——理性认识。

（二）从认识到实践

感性认识解决的是现象问题，理性认识解决的是本质问题。认识的根本任务和目的是理性认识，没有革命的理论就没有革命的行动，只有在正确理论的指导下，才能达到改造世界的目的。因此，我们这里所讨论的认识主要是理性认识。理论要想真正发挥指导实践的作用，就需要把一般的理论与具体实践相结合，只有这样，人们才能真正地做到从实际出发，实事求是，做到理论正确地指导客观实际。理论只有回到实践中去，并被人们所掌握，理论才能变成巨大的物质力量，实现对客观世界的改造，展现理论的作用。同时，理论只有应用到实践中来，才能检验理论是否正确，才能进一步丰富发展原有的理论。

由实践到认识，再由认识到实践这样循环往复的运动是认识发展的基本规律，在这一规律运动过程中，实践无疑起了至关重要的作用，实践不仅是认识的来源和基础，更是检验认识真理性的唯一标准。

四、实践是检验真理的唯一标准

1976年粉碎“四人帮”之后，国内形势有了很大好转，经济建设蓬勃发展起来。不过当时最大的障碍就是“左”的错误思想没有得到全面纠正，尤其是“两个凡是”的框框束缚着人。什么是“两个凡是”呢？“两个凡是”是1977年初中央社论提出来的：“凡是毛主席做出的决策，我们都要坚决维护；凡是毛主席的指示，我们都要始终不渝地遵循。”其实，“两个凡是”本身就自相矛盾，因为毛泽东的看法也是不断变化的，比方说，毛主席在解放初期，强调搞经济建设，向科学进军。后来又强调以“阶级斗争为纲”。要“凡是”都执行的话，那是执行前面的指示，还是执行后面的指示呢？1978年春天，国内各行业的发展都需要突破“左”的框框。正是在这种情况下，在胡耀邦的支持下，1978年5月11日《光明日报》发表特约评论员文章《实践是检验真理的唯一标准》，新华社于当天转发全文，《人民日报》《解放日报》也于次日全文转发，国内很多人认为这篇文章讲出了自己的心里话，而少数维护“文革”错误的人则非常不满，于是当时党内掀起了一场关于真理问题的大讨论。在讨论的关键时刻，邓小平于1978年6月2日明确指出，实事求是是毛泽东思想的出发点、根本点，他强调了实践是检验真理的标准，尖锐地批判了“照抄照搬”的态度。叶剑英、李先念、陈云等老同志也支持这篇文章，10月份，邓小平对这场争论又说了一段很重要的话，那就是，关于实践是检验真理唯一标准的讨论实际上是要不要解放思想的争论。当时，各省区领导、军队各兵种领导、各大区领导也纷纷支持这一观点。正是由于有了这场讨论，纠正“左”的错误、大规模拨乱反正、正本清源、解决历史遗留问题才有了前提。中共中央的十一届三中全会正是在这一思想基础上才得以胜利召开。

在真理标准大讨论的过程中，很多人承认实践是检验真理的标准，但对于是否是“唯一”的标准大家却各执一词，当时比较流行的检验标准有客观存在、逻辑证明以及实践。下面，我们分别对这三种标准进行了解和分析，验证实践标准的“唯一性”和“正确性”。

真理是标志主观同客观相符合的范畴。要判明主观同客观是否符合以及符合的程度，只在主观范围内兜圈子是根本无法解决的，因为认识本身不能自称自己正确，一种认识也不能证明另一种认识的正确性。同时，客观世界本身也不能充当检验真理的标准。离开人的活动而独自存在的外在客观世界不会把主观认识同客观现实相对照，因而也无法判明某种认识是否具有客观真理性。只有社会实践才是联系主观认识与客观事物的“桥梁”、“纽带”或“交错点”。例如，要判定“某人说一块花布是三尺”对不对，只有用尺子量一量花布才知道对不对。这个用尺子量一量的活动就是实践标准。“某人说三尺”与“一块花布”就是主观认识与客观存在。只在“某人说”的范围内打转转不行，花布本身也不能奋起自量。

“逻辑证明”的方法，不能检验我们言论的对错吗？是的，在一定的情况下，是可以这样做的，因为如果一个人的讲话、文章违背通常的逻辑规律，矛盾百出，那就不能说它是正确的。所以，逻辑证明也是检验我们言论对错的一种有效方法。但是，这样做的结果只是从它是不是符合逻辑这个角度来证明它的对错，至于它其中的思想观点是不是符合客观实际，“逻辑证明”的方法就解决不了了。逻辑证明在一定意义上对实践标准起了重要的补充作用，但是逻辑证明并不能取代检验真理标准的实践，已经被逻辑证明了的东西，还必须经过实践的检验，才能最终被确定为真理性的认识。

为什么只有实践才是检验真理的标准呢？这是由真理的本性和实践的特点决定的。首先，从真理的本性来看，真理是人们对事物本质、规律的正确认识，是主观符合客观的范畴。要想证明真理的真理性只要证明主观的认识同客观存在相符合就可以了。之前我们已经讲到主观认识、客观存在都没法证明，只有实践才是检验真理的唯一标准。其次，从实践的特点来看，实践是人的一种能动的活动，它具有直接的现实性。实践是客观物质活动，它本身是直接现实的；实践又能使不具有现实性的理论变为客观的现实。实践的这种双重性是实践直接现实性，它能够使主观见之于客观，使人的精神见之于实际，把人的思想与客观现实联系起来，从而证明人的认识究竟是不是符合客观实际。这个作用，是其他任何方法都代替不了的。所以，我们说“实践是检验真理的唯一标准”。

陈云说过：“不唯书，不唯上，只唯实。”实际上，他的这句话的本意是：不能把书上的话作为检验真理的唯一标准，也不能把上级领导人（包括中央文件）的话作为检验真理的唯一标准，而只能把实践作为检验真理的唯一标准。经历了时代风雨的考验，尤其是改革开放以来，中国抛弃了照抄照搬苏联模式，从中国发展的实际出发，走出了中国特色的道路，在经济、政治、文化、科教等方面取得了巨大的成就。实践已经证明，“不唯书，不唯上，只唯实”，这是一个真理。

第四节　共产主义是人类社会发展的永恒真理

共产主义是一种科学的理论。是研究无产阶级为了改变资本主义社会现实，领导人民群众进行革命斗争，从而建设社会主义和实现共产主义的一般规律。科学共产主义是无产阶级解放运动的理论，是无产阶级革命行动的指南。

共产主义是一种社会制度。这是把共产主义作为一种高级的社会制度样态，在这种社会制度中，物质财富极大丰富，消费资料按需分配，生产力高度发展，生产资料公有，个人消费品“各尽所能，按需分配”；社会关系高度和谐，人们精神境界极大提高，阶级消灭，国家消亡，战争不复存在，工业与农业的差别、城市与乡村、脑力劳动与体力劳动的差别即“三大差别”归于消失；每个人自由而全面地发展，人类从必然王国向自由王国飞跃。

共产主义是一种社会理想。共产主义是人类最崇高的理想，是我们的奋斗目标和崇高事业，它为我们提供了强大的精神支持，同时给我们指明了人类前进的目标和我们发展的方向，是我们对美好未来社会的一种设计。

共产主义是一种现实的运动。是针对资本主义异化状态而提出的，其目的是通过这种现实的革命运动，消灭异化，使人成为人，使人展现和复归其自由自觉的活动本质，实现人自由而全面的发展。

我们了解了什么是共产主义，那么在平时生活学习中，为了便于理解和学习相关知识，我们还要清楚地知道共产主义和社会主义是一种什么样的关系。马克思主义者是这样解释社会主义的：一方面，科学社会主义作为一种思想体系和在这种思想体系指导下的运动，科学社会主义就是共产主义。另一方面，就社会制度而言，共产主义社会分为两个阶段，第一阶段即社会主义社会；高级阶段即共产主义社会。

一、人类对共产主义的探索

共产主义思想并不是从马克思时期才产生的，在西方社会思想史上，可以说柏拉图是最早提出这一社会理想的。在他的代表性著作《理想国》中，他设想了一个由哲学家统治的财产公有、社会等级分明、秩序稳定的完美、至善的城邦。在他看来，政治生活是使个人完善的手段，国家的任务在于使个人的德行和幸福得以实现。正像人的灵魂有理性、意志和欲望三个部分一样，一个国家也相应地分为三个等级，即统治阶级、武士阶级和劳动者，他们分别具有智慧、勇敢和节制的美德。在理想国中，真正的正义就是每个人应当只做一件适合他的本性的事情。空想社会主义是在文艺复兴时期之后产生的。托马斯·莫尔写出《乌托邦》，康帕内拉写出《太阳城》。在莫尔看来，全部社会灾难都来源于私有制，因此他主张全面废除私有制。莫尔设想建立一种建立在民主选举的基础上的理想社会，但是他却寄希望于贤明君主统治。康帕内拉设想的太阳城的政治制度和机构是按照“贤人政治”和民主原则组织起来的。18世纪马布利、摩莱里的空想社会主义，马布利和摩莱里不再采用文学语言来描述理想社会，而是从理论上论证从私有制过渡到公有制的必然性，认为只有建立公有制社会，人类才能实现真正的幸福和和平，提出平均主义和禁欲主义的共产主义，带有明显的小生产者的痕迹。到19世纪三四十年代，以傅立叶、圣西门、欧文为代表的欧洲空想社会主义发展到顶峰，这一时期的欧洲空想社会主义是马克思科学社会主义的直接理论来源。法国空想社会主义者圣西门认识到阶级斗争的存在，并强烈地批判资本主义。认为资本主义社会是过渡性的社会形态，它必然为新的社会形态所代替。他指出：人类社会是一种进步的发展过程，法国大革命以后建立的政治制度代替封建制度是一个历史的进步，但是，资本主义社会不过是旧的封建制度和未来社会之间的一个“中间的和过渡的体系”，当它阻碍社会发展时，就没有存在的必要。他主张建立一种理想的实业制度。在实业制度下，由实业者和学者掌握社会政治、经济、文化各方面的权力；社会的唯一目的应当是尽善尽美地运用科学、艺术和手工业的知识来满足人们的需要，特别是满足人数最多的最贫穷阶级的物质生活和精神生活的需要；人人都要劳动，经济按计划发展，个人收入应同他的才能和贡献成正比，不承认任何特权。法国空想社会主义者傅立叶认为人类社会发展是由低级向高级螺旋上升的辩证运动。揭露资本主义制度的罪恶，认为资本主义的文明就是奴隶制的复活。主张用改良的手段来改造社会，以他设计的“和谐制度”来代替资本主义制度。他理想的“和谐社会”，是由一个个有组织的合作社组成，它的名称叫“法朗吉”。英国空想社会主义者欧文尖锐地批判资本主义制度，指出劳动人民的贫困是资本主义社会的必然产物，认为私有制是一切阶级斗争的永久根源。他幻想建立完美的社会主义制度，主张用共产主义原则改造社会。但是他反对暴力革命，主张通过典型示范和说服统治者的手段来实现资本主义向共产主义的“和平过渡”。欧文的学说和活动具有鲜明的实践性，是空想社会主义思想发展的最顶峰。

由以上可以看出，西方思想史上的共产主义，从经济上来说，是生产资料归全社会所有，生产的产品平均分配，实现人人均等，生活富足；从政治上来说，实现人人自由、平等，消灭剥削压迫，由于国家在历史上充当剥削压迫的工具，所以也主张消灭国家，实现无阶级、无国家的社会。但是由于这些思想都存在着三个理论缺陷，一是没有能够认识人类社会发展的规律，因而也不了解资本主义必然灭亡，社会主义必然胜利的客观规律；二是不了解阶级斗争是阶级社会发展的直接动力，没有找到实现理想社会的阶级力量无产阶级，更没有认识到共产主义不仅能解放无产阶级，更能解放全人类；三是没有找到实现理想社会的正确道路。所以在马克思主义的共产主义思想产生以前，共产主义只能算作是人们对现实社会的不满和对未来美好社会的一种乌托邦式的向往，带有空想性。

这一历史重任落在了以马克思、恩格斯为代表的马克思主义者的身上。马克思从人类社会发展规律及资本主义社会的弊端和根源着眼，揭露了资本主义社会必然灭亡性，以及生产方式内部存在的不可调和的矛盾。马克思的两大历史性发现——历史唯物主义和剩余价值学说，使社会主义由空想变为现实。

二、马克思主义关于共产主义的构想

马克思、恩格斯所创立的共产主义理论，是建立在对人类社会历史发展规律深入研究的基础上的，马克思站在无产阶级的立场上，运用科学的方法，致力于研究人类社会的一般规律，从而进一步揭示资本主义社会的特殊规律，进而对共产主义社会作出了科学的展望。马克思、恩格斯认为，自然界的发展是有规律的，规律是事物运动过程中固有的、本质的、必然的联系。规律是客观的，不以人的意志为转移，无论你承不承认，它都客观地起着作用。而人类社会和自然界一样，也有其运动发展的客观规律，只有揭示了这些规律，才能更好地理解过去，把握现在，预见未来。马克思在他的著作《〈政治经济学批判〉导言》中概括了人类社会历史发展过程中经历过的五个具体的社会形态，分别是原始社会、奴隶社会、封建社会、资本主义社会和社会主义社会。这种划分是侧重于社会的经济结构、生产方式，即从生产力与生产关系、经济基础与上层建筑的矛盾统一中对社会发展的逻辑认定。五种社会形态是人类历史的“类规律”，也就是一般规律。按照这样的社会发展规律，共产主义作为指向未来的合乎历史发展规律的社会形态将在不久的将来出现。

马克思、恩格斯关于未来社会的预测，是建立在批判解剖资本主义社会基础上的，是在对资本主义制度无法克服的自身矛盾深刻分析的基础上的科学理论。认识来源于实践，要想对未来社会作出科学的预见，就必须对现存社会有充分的、本质上的认识。所以，马克思、恩格斯从一开始就投入到社会斗争的洪流中，致力于对资本主义社会的研究。19世纪30年代欧洲先后爆发了法国的里昂起义、英国的宪章运动和德国的西里西亚纺织工人起义，震撼了资本主义统治，登上历史舞台的无产阶级再也无法忍受资本家的剥削和压迫，决心打碎旧世界，创立新社会，变奴隶为主人。恩格斯为了确切地理解无产阶级，了解当时的实际状况，花费了大量的时间，深入到英国工人阶级之中，对于英国工人阶级的状况进行了广泛的调查，以大量的、无可辩驳的、丰富的事实材料写出了《英国工人阶级状况》这一光辉著作。恩格斯在这部著作中，揭示了产业革命的意义，生动地描述了英国工人阶级的痛苦生活和劳动条件，指出无产阶级所处的这种地位必然会推动他们去为自身的解放、为推翻资本主义制度而斗争。恩格斯还强调指出，在英国造成无产阶级贫困和受压迫的那些根本原因在其他资本主义国家也同样存在，而且长期下去也一定会像英国一样产生同样的结果。现实的苦难是诱发人们渴望新世界的动因，然而马克思、恩格斯并没有把这种认识停留在表面现象上，而是继续追究造成这一现象的根源。在资本主义条件下，随着科学技术的进步，社会生产力得到了极大的发展，然而工人阶级却愈来愈贫困，资本家占有的生产资料却越来越多。生产社会化和资本主义生产资料私人占有之间的矛盾就成为资本主义社会的基本矛盾。这一矛盾在经济方面的表现是生产的无限扩大和劳动人民有支付能力的需求相对缩小的矛盾；在政治上表现为个别企业内部生产的有组织性和整个社会生产的无政府状态之间的矛盾。而这一矛盾在资本主义社会内部没法解决，随着生产力的发展，物质财富极大丰富，必然会进入新的社会制度。社会主义社会必然代替资本主义社会，最后必然发展为共产主义社会。所以，马克思、恩格斯对资本主义批判的高明之处在于，不仅看到了资本主义社会的弊端，而且进一步揭示这一弊端的根源，找出了资本主义发展中自我否定的力量，发现资本主义的矛盾运动中孕育着新社会的因素，从而作出了对未来社会的科学预见。

在对未来社会作出展望时，马克思、恩格斯并没有作详尽的描述，提出建设未来社会的具体措施。只是揭示了未来社会的一般特征，指出未来社会发展的方向、原则和基本特征。

第一，物质极大丰富，消费资料按需分配。

社会生产力高度发展，产品极大丰富，是共产主义社会实现的必要条件。共产主义社会所描述的财产公有制度，必须建立在生产力极大发展的基础上，因为，只有生产力发展了，整个社会的财富不断涌流，才能实现共产主义的分配原则。所以，资本主义社会虽然存在种种矛盾和弊端，但是它创造的巨大生产力为共产主义的实现打下了物质基础。同时，生产力的高度发展也是共产主义社会本身的重要特征。前面我们说共产主义社会是建立在生产力高度发达的基础上的，而共产主义社会建立后的未来社会，由于摆脱了私有制的压迫，未来的大工业的发展规模与目前的大工业状况相比将显得十分宏伟。工业的发展将给社会提供足够的产品，以满足人类生产生活的需要，那时生产力将得到更大的发展。

共产主义社会在生产资料所有制方面将彻底废除私有制，实行生产资料公有制，生产资料由联合劳动者共同所有、占有、支配和使用。社会直接占有生产资料，整个社会来经营生产部门，就是说为了共同的利益、按照共同的计划、在全体社会成员的参与下来经营。那时，由于全社会共同占有生产资料，共同组织生产，共同分配产品，个人劳动与社会劳动，个人利益与社会利益达成了直接的统一，个人劳动成为社会劳动的一部分，个人利益直接在社会利益中得到实现。

在共产主义社会，个人消费品的分配方式是“各尽所能，按需分配”。共产主义社会作为社会的高级阶段，劳动已不再是谋生的手段，而成为了一种需要。当今我们社会主义国家实行的分配方式是“各尽所能，按劳分配”，第一次以劳动而不是资本作为分配标准，是历史的一大进步。但是按劳分配还是有一定的局限性存在的，因为，劳动者由于个人天赋不同，工作能力不同，所以在收入分配上有差距；同时，把人当作劳动者看，撇开了人的社会生活的丰富性。所以，只有到了共产主义社会，才能真正实现人类分配上的平等。

第二，社会关系高度和谐，人们精神境界极大提高。

共产主义社会，阶级将会消亡。阶级作为一个历史范畴，是在社会历史发展到一定阶段产生的。阶级产生后，与它相对立的另一个阶级自然而然就应运而生了。同时，由于两个阶级的产生必有一强一弱，强大的一方为了更好地维护自已阶级的利益就会建立对另一方的政治压迫。哪里有压迫，哪里就有反抗，阶级斗争成为推动阶级社会发展的直接动力。到共产主义社会，由于生产力高度发展，物质财富极大丰富，整个社会占有生产资料，按需分配。全体社会成员根本利益一致，所有人的物质利益已经得到了保障，因不同经济利益而划分的利益集团也不复存在了。因此，阶级消灭了，阶级剥削和压迫不复存在，阶级斗争也随之而消失。

在共产主义社会，国家也将消亡。上面讲到由于全体社会成员根本利益一致，所有人的物质利益得到了保证，所以阶级必将慢慢消亡。那么，阶级不复存在了，作为镇压阶级的国家机器如军队、警察、监狱等也将失去存在的意义。随着阶级的消失，国家也不可避免地要消失。国家消亡了，世界上也就不分国家和民族了，整个人类将作为一个统一的社会存在和发展。当然，国家消亡只是指政治国家的消亡，是作为阶级压迫工具的国家机器的消亡。社会管理机构将继续发挥其组织和管理的职能，但是这种社会管理职能将不具有政治压迫和暴力镇压的功能，只是人们的自我管理，以确保社会正常的秩序。

到了共产主义社会，战争也不复存在了。从人类诞生以来，战争就一直不断，战争的目的要么是领土扩张，要么是获得经济上的利益。进入共产主义社会，由于阶级和阶级斗争的消亡，国家的消亡，全体社会成员根本利益一致，不同利益集团的对抗也将消失，战争也没有存在的必要了。

在共产主义社会中，由于社会生产力的巨大发展，工业与农业、城市与乡村、脑力劳动与体力劳动的差别——“三大差别”必然消失。生产力的发展，工业与农业、城市与乡村、脑力劳动与体力劳动相分离，在一定程度上促进了人类工业文明、城市文明和精神文明的发展。但是，这些发展是以某种程度地牺牲农业、乡村和体力劳动者的利益为代价的。在共产主义社会中，由于私有制和利益对立的消失、分工的消失和人的全面发展，三大对立也将归于消失。

在共产主义社会，由于阶级消灭、国家消亡和“三大差别”消除，社会关系达到了高度和谐。与社会生产力的高度发展和社会关系的高度和谐相联系，人们的精神境界得到了极大的提高。

第三，每个人自由而全面地发展，人类从必然王国向自由王国飞跃。

实现人的自由而全面的发展是马克思主义追求的根本目标，是共产主义社会的根本特征。根据社会历史的发展，我们可以看到，无论是封建社会代替奴隶社会，还是资本主义社会代替封建社会，其实质上都是一个剥削阶级代替另一个剥削阶级，一部分人统治另一部分人，一部分人压迫另一部分人，一些人统治，另一些人受苦难的社会。在这样的社会里，始终存在压迫和斗争，人不可能实现真正的自由和全面的发展。而共产主义社会是消除了阶级、消灭了私有制的、人人自由平等的社会。正如《共产党宣言》中描述的那样："代替那存在着阶级和阶级对立的资产阶级旧社会的，将是这样一个联合体，在那里，每个人的自由发展是一切人的自由发展的条件。"①

马克思主义的学说从根本上来说是关于人类解放的学说，其最终的目的是实现人的自由全面的发展。马克思在社会发展三形态理论中，把人的发展作为社会发展的重要尺度，确立共产主义与人的全面发展的内在联系。在社会发展进程中，社会的演进经历了三种形态。最初的社会形态是完全自发的，是在自然经济条件下，人直接依赖人的关系。在这种社会形态中，即前资本主义社会，人的生产能力只是在狭窄的范围内和孤立的地点上发展着。第二大社会形态是在商品经济条件下，以物的依赖性为基础的人的独立性的社会形态。在这样的形态下，即资本主义社会和初级社会主义阶段，社会形成了普遍的物质交换关系，人们要通过产品的交换，才能实现人的劳动的价值。第三大社会形态则是严格意义的共产主义社会。在这样的社会形态下，人摆脱了对物的

①《马克思恩格斯选集》第4卷，人民出版社1995年版，第730~731页。

依赖性，实现了个人全面自由的发展。这里的全面发展，不仅是体力和智力的发展，即我们通常所说的德、智、体、美、劳全面发展，还包括人的社会联系和社会交往得到发展。在共产主义社会里，人的自由而全面的发展是全体社会成员的发展，是每一个社会成员的发展，而不是一部分人的发展。人类社会整体的发展不再是以牺牲少数或个人的发展为代价的，人与人之间真正实现了事实上的平等，每个人的自由发展是一切人自由发展的前提，社会的发展与个人的发展实现了真正的统一。

共产主义社会是这样一种社会，它是以每个人自由发展为前提的“自由人联合体”。从人的生存发展的本性来说，共产主义社会是真正合乎人性的。物质财富的极大丰富，使人的劳动不再是获得生活必需品的主要手段，劳动能力和劳动时间不再是分配消费品的尺度，所以，劳动不再是为了挣钱养家谋生，劳动真正成为了人发挥才能和力量的活动，是一种充实自身的需要。当劳动摆脱了谋生的压力，成为人们生活必需的时候，劳动者可以自由选择和变换自己的工作，劳动成为人们乐于从事的自我实现的活动，成为人生快乐的巨大源泉。“劳动是自由的生命表现，因此是生活的乐趣”。当人不再为物质而劳动的时候，人就完全获得了物质生产领域的自由。

共产主义社会的生产力高度发展。随着科学技术的进步，生产效率极大提高，维持社会生产所需要的劳动时间会大大缩短，人们只需要用较少的时间从事劳动，就能创造巨大的物质财富。这样，他们就有足够多的自由时间供自己支配，他们可以从事自己感兴趣的活动，如艺术、体育、科研等。除了劳动需要的时间以外，人们可以充分利用自由时间促进自身全面素质的提高，更好地实现人的全面自由发展。反过来，自由时间里的活动又进一步提高了劳动者的能力和创造力，促进生产力的进一步发展。

共产主义社会实现了人类的解放，那时人类将最终从支配他们生活和命运的异己的力量中解放出来，实现从必然王国向自由王国的飞跃。所谓必然王国，就是指人们对人类社会和自然界的必然性尚未认识和掌握，因而人的活动和行为对自然力量和社会力量是无能为力的，不得不受这种盲目力量的支配和奴役的状态。即人们对自然规律的无知，因而受自然规律的束缚；同时由于对社会规律一无所知，以及私有制的狭隘性，人们又受自己创造的社会力量的束缚。而所谓自由王国，就是指人们认识和掌握了社会历史和大自然的必然性和规律，使自己成了自然界和社会的主人，从自然界和社会领域的盲目力量的支配和奴役下解放出来，摆脱了盲目必然性的奴役，成为自然界的主人，也成为自己社会关系的主人，从而能自觉地创造自己的历史的这样一种状态。自由是对必然的认识和支配，一旦人们对客观的社会和自然的必然性有了正确的认识，并能支配它，使其服务于人类自觉的目的的时候，也就从必然王国进入了自由王国。任何一个客观规律一经被认识和利用，就实现了一个从必然王国到自由王国的飞跃。在认识上，必然王国指人在认识和实践活动中，对客观事物及其规律还没有真正认识，而不能自觉地支配自己和外部世界；自由王国指人在认识和实践活动中，认识了客观事物及其规律，并自觉依照这一认识来支配自己和外部世界。在社会历史中，必然王国指人受盲目必然性支配，特别是受自己所创造的社会关系的奴役和支配的社会状态；自由王国指人自己成为自然界和社会的主人，摆脱了盲目性，能自觉创造自己历史的社会状态。人类的认识史和社会史，就是从必然王国向自由王国发展的历史。必然王国向自由王国的发展是一个无限的过程。

马克思认为，“自由王国”按照事物的本性来说，存在于真正的物质生产领域的彼岸，但并不是说物质生产领域的彼岸就是“自由王国”，只有当人类把自己能力的发展作为目的本身时才有真正的自由王国。自由王国的实现，是物质生产活动“此岸”和“彼岸”对立的扬弃，是劳动时间和自由时间的对立的扬弃，其直接表现就是实现劳动的普遍化。共产主义社会，人真正成为自己的主人，人们自己创造自己的历史，是真正合乎人性的人的解放，它是人类自由自觉历史的开端，是一个在更高基础上不断发展和前进的社会。

三、共产主义社会实现的历史必然性

由人类社会发展规律可知，共产主义一定能够实现。人类社会是一个由低级向高级的不断发展的过程，奴隶社会取代原始社会，封建社会取代奴隶社会，资本主义社会取代封建社会，以此推之，社会主义社会取代资本主义社会，共产主义社会取代社会主义社会也将是客观必然的历史进程。

共产主义社会虽然是一个社会理想，但是这个理想具有实现的可能性。一般来说，人类对美好事物的追求有两类：一种是根源于现实的，符合客观规律的理想，这种理想具有一定的科学性，是经过努力可以实现的；另一种就是脱离实际、天马行空的空想，只能是一种美好的愿望，而不具有实现的可能性。共产主义的理想是建立在对人类社会发展规律的认识的基础上，通过在对旧世界即主要是资本主义社会的批判的基础上设立的，未来新社会的发展目标。随着生产力的提高，人类社会物质财富的不断涌流，精神境界的不断提高，人们对人自身的发展提出了更高的要求，并在这一要求下不断地丰富、发展自己。在不断深化认识人的本质的过程中，一步步地接近共产主义。因此，共产主义不是靠什么神秘力量或奇迹实现的，而是靠社会的发展和进步，是人类实践的最终结果。

共产主义理想的实现是历史规律的必然要求。社会形态由低级到高级的发展进程，即这一历史运动的一般规律，就论证了共产主义理想实现的必然性。另外，马克思还对资本主义社会进行了深入的剖析，从而对共产主义实现的必然性作了实证的证明。社会形态交替规律上面已经作了介绍，这里不再细说。我们来具体看一下马克思是怎样深入研究资本主义的。马克思认为资本主义的发展是一个自我否定的过程，在资本主义条件下，随着科学技术的进步和社会生产力的不断发展，资本主义生产不断社会化。但是，这种社会化却被资本家利用，成为剥削压迫工人的剩余劳动、生产剩余价值、实现价值增殖的能力。这样一来，在社会化条件下，本应该由劳动者共同占有和使用的生产资料，却无情地被少数资本家占有；在社会范围内，生产资料本应该按照社会需要进行生产、调节和控制，结果却被贪婪的资本家为了赚取最大利润进行管理；共同劳动生产的社会化产品，本应由劳动者共同所有，却被资本家占有，成为他们的私有财产。不可避免地，其结果就是形成了资本主义社会的基本矛盾，即生产社会化和资本主义私人占有之间的矛盾。生产力越发展，科学技术越进步，生产社会化程度越高，这种矛盾就越尖锐。

资本主义社会的基本矛盾主要表现在两个方面：一方

面，表现在阶级关系上是无产阶级和资产阶级的对立。无产阶级在社会中始终处于社会的边缘，是被剥削压迫的对象。随着生产的发展，科技的进步，整个社会的物质财富越来越多。然而，社会财富日益集中到资产阶级的手中，社会财富的直接创造者——无产阶级的辛勤劳动并没有得到等值的回报。所以，资本主义社会是少数人越来越富有，多数人更加贫困的社会。无产阶级要求废除私有制，消除阶级，确保人人得以自由而全面的发展。两大阶级的对立斗争中，资产阶级必然灭亡，无产阶级必然胜利。另一方面，表现在生产上，是个别企业中生产的有组织性和整个社会生产的无政府状态之间的对立。也就是说，在资本主义大机器生产时代，一个工厂内部因为分工的不同，工人在各自的岗位上进行流水作业，一切看来井然有序。由于资本家贪婪的本性，总是想最大限度地谋求利润，他们没日没夜地让工人加班生产尽可能多的产品。然而就在这样一种生产无政府状态下，就会发生生产相对过剩。所谓生产相对过剩是指这种过剩是相对于人民有支付能力的需求来说的。即劳动人民有购买商品的需要，却没有购买商品的能力，导致商品卖不出去，造成了商品的积压。大量商品积压，导致大批生产企业停产，甚至倒闭，大量工人失业，生产相对过剩的经济危机就这样开始了。比较有代表性的就是1929年至1933年的资本主义世界爆发的空前大危机，它造成工业、农业、商业和金融部门的危机，1933年与1929年相比，资本主义世界的生产下降了1/3以上，贸易总额缩减了2/3，三千多万工人失业，广大人民饥寒交迫，流离失所。经济危机沉重打击了资本主义世界，激发了资本主义制度固有的矛盾。经济危机又引发了政治危机，使资本主义国家内部政局动荡，国家之间矛盾进一步激化，加剧了世界局势的紧张。然而，只要存在资本主义制度，经济危机就不可避免，资本主义社会制度本身就存在着不可调和的矛盾。

随着科技进步和生产社会化进一步提高，为了缓和资本主义社会的矛盾，国家垄断资本主义应运而生。国家垄断资本主义是国家政权和私人垄断资本融合在一起的垄断资本主义。以计算机技术为标志的第三次科技革命，使垄断资本主义的私有制已经无法适应社会化大生产的要求，客观上要求通过国家的力量来建设基础设施，为私人垄断资本服务。而且，随着经济危机的发展和加深，靠私人资本的力量已经难以应付，这就要求借助国家的力量，借助政府的各种反危机措施，来对付危机，消除危机带来的影响。又加之社会两极分化越来越严重，阶级矛盾不断激化，为了维护国家政权稳固、社会稳定，缓和社会各阶级和阶层的矛盾，协调利益分配关系，要求国家资本主义的产生。国家资本主义的出现和发展，对资本主义经济的发展产生了积极的作用，国家对经济的干预在一定程度上缓解了资本主义生产的无政府状态，社会生产生活面貌有所改观。政府运用掌握的巨额资金投入到社会生产过程中，兴办那些私人资本无力兴办的巨大的新兴工业企业。国家通过收入再分配，使人民生活有所改善和提高。然而这一切都没有从根本上改变垄断资本主义的性质，国家垄断资本主义在本质上是资产阶级国家力量同垄断组织力量结合在一起的垄断资本主义。它的出现是为了保证垄断资产阶级获得高额的垄断利润，是为了维护资本主义制度。因此，即使是国家资本主义，它的基本矛盾仍是生产社会化和生产资料私人占有之间的矛盾。资本主义发展到这样一个阶段，生产社会化、资本社会化和管理社会化都到了资本主义生产方式的更高程度，从而为全社会共同占有生产资料和共同组织社会化生产准备了充分的物质和经济条件。国家垄断资本主义是社会主义到来的前奏，并为社会主义提供了物质基础。所以，资本主义社会是一个自我否定的社会，共产主义社会是否定之否定的社会。

前面我们讲到，共产主义社会是一个能够实现的社会理想，并且这一理想的实现是历史规律的必然。同时我们还要明确，实现共产主义是一个长期的实践过程。共产主义的发展是一个循序渐进的过程，每个阶段都有每个阶段的相应目标。马克思把共产主义社会划分为第一阶段和高级阶段，列宁把这两个阶段称之为社会主义社会和共产主义社会。共产主义社会是建立在社会生产力极大发展，物质财富不断涌流，人们精神境界极大提高的基础上的，社会主义的充分发展并向共产主义过渡将是一个漫长的历史过程。只有充分认识到这一点才不至于犯类似“大跃进”这样的错误。而且共产主义要在全世界范围内实现，这意味着，实现共产主义不仅有赖于社会主义国家的巩固和发展，也有赖于现存资本主义国家向社会主义的转变，以及转变后向共产主义的发展。

因此，资本主义向社会主义的过渡是一个漫长的过程，马克思在《〈政治经济学批判〉导言》中指出："无论哪一个社会形态，在它所能容纳的全部生产力发挥出来以前，是决不会灭亡的；而新的更高的生产关系，在它的物质存在条件在旧社会的胎胞里成熟以前，是决不会出现的。"[①]因此，当代资本主义社会仍然显示出巨大的优越性，社会主义代替资本主义，将是一个长期的历史过程。

---

①《马克思恩格斯选集》第2卷，人民出版社1995年版，第33页。

第二章　马克思主义科学体系的创立

第一节　马克思主义科学体系产生的时代背景

马克思主义是社会发展到一定阶段的必然产物。在马克思主义产生以前，空想社会主义者曾提出过种种的办法，消灭资本主义社会的不公正、不合理的现状，用新的社会制度取而代之。但是，由于社会历史条件的限制，当时资产阶级生产状况和阶级状况还尚未成熟，他们所构想的未来美好社会的蓝图只能是空想、幻想。

一、资本主义经济的发展

19世纪30年代至40年代，资本主义国家先后进入并完成了工业革命，资本主义有了很大发展。19世纪30年代末，英国基本完成了工业革命，资本主义生产方式达到高度的发展，英国1750–1800年生铁产量增长8倍，原煤生产增长1倍。从1770年到1840年的70年中，英国工人的平均劳动生产率提高了20倍。英国已经成为了“世界工厂”。19世纪初，法国、德国等欧洲资本主义国家先后进入工业革命。法国的钢铁产量，1832年生铁22.5万吨，熟铁和钢14.8万吨；到1846年，生铁58.6万吨，熟铁和钢37.3万吨，产量增加都在1倍以上。由于机器的大量采用，能源耗费量剧增。1830年法国耗煤量250万吨，1847年已经达到760万吨，增加了2倍多。德国资本主义的发展水平虽然落后于英法，但资本主义生产方式也得到了极大的发展，德国工人阶级队伍也不断壮大。1800年全德国工人只有9万人，至19世纪40年代末已经达到200万人。正如马克思、恩格斯所说那样：“资产阶级在它不到一百年的阶级统治中所创造的生产力，比过去一切世代创造的全部生产力还要多，还要大。”随着资本主义生产的迅速发展，机器大工业广泛兴起，工人阶级人数增多，资本主义剥削日益加深，资本主义基本矛盾——生产社会化和资本主义私人占有之间的矛盾日趋激化。资本主义社会两大对立阶级——无产阶级和资产阶级的矛盾斗争此起彼伏。

二、阶级斗争尖锐

早期的斗争是自发的工人运动，比较具有代表性的是19世纪初，英国爆发了著名的破坏机器的“卢德运动”。相传，莱斯特郡一个名叫卢德的工人，为抗议工厂主的压迫，第一个捣毁织袜机。工业革命时期，机器生产逐渐排斥手工劳动，使大批手工业者破产，工人失业，工资下跌。当时工人把机器视为贫困的根源，用捣毁机器作为反对企业主，争取改善劳动条件的手段。1811年初卢德运动开始形成高潮。其中心是诺丁汉郡，1811年，诺丁汉郡的袜商不顾行业规矩，生产一种劣质长筒袜，压低袜子价格，严重冲击了织袜工人的正常收入。一些织工秘密组织起来，捣毁商人的织袜机。英国政府动用了军警对付工人，用死刑惩治破坏机器的工人，残酷迫害工人。但运动仍继续蔓延。后来，随着工人阶级觉悟的提高，早期自发破坏机器的斗争逐渐演变成有组织、有计划的经济斗争，进而演变为政治斗争。19世纪30年代至40年代的三大工人运动就是在这种历史背景下爆发的。

1830年，法国“七月革命”胜利后，大资产阶级攫取了政权，而此次担任革命主力军的工人仍然毫无经济和政治权利，他们被排挤在选举之外，受尽了工厂主的剥削。1831年10月，里昂工人为了让企业主履行劳资双方刚议定的新的计件工资遂举行了示威游行。当工人向市区进发时，国民自卫队却突然向工人射击，工人被迫拿起武器，喊出“劳动不能生活，毋宁战斗而死”的口号，并同资产阶级政府进行了为期三天的斗争，占领了里昂城。由于没有独立的政治组织，工人们最终没能发展胜利的成果，1831年12月被政府派来的6万军队镇压。1834年4月，里昂爆发了第二次工人起义，起义的导火索是政府当年2月对罢工组织者的审讯和3月取缔秘密结社的法令激怒了工人。保卫结社权的武装起义具有鲜明的政治性质，提出要建立共和国政体的政治要求，他们在起义宣言中写道：“我们的事业是全人类的事业，是我国的幸福，是未来的保证。”提出了“要共和或者死亡”的口号，6天的激烈交战之后，再一次被反动派镇压，以失败告终。后来，马克思在评价里昂工人运动时写道：“里昂的工人们以为自己追求的只是政治目的，以为自己只是共和国的战士，可是事实上他们却是社会主义的战士。”工人运动并没有因为反动政府的镇压而停止前进的脚步。此后，法国各地工人的革命斗争接连不断，开始走上了组织起来的道路。

1836年，英国爆发了持续12年之久的宪章运动。1834年“新济贫法”的颁布，取消了贫民的补助金，这实际上是对失业工人的剥削和折磨，为了要求议会实行有利于无产阶级的改革，伦敦工人协会1837年拟定了一个争取普选权的纲领性文件，提出普选权、秘密投票、废除议员候选人的资格限制、议员支薪、选区平等和每年改选议会等6条要求，并于1838年5月8日以《人民宪章》名称发表，宪章运动由此得名。宪章拥护者在全国各地集会、游行，要求实现宪章。1839年运动进入第一次高潮。2月4日，全国的宪章派在伦敦召开第一届代表大会，并通过致议会请愿书。工人领袖在大会上号召说：“只有一个方法才能获得宪章，这个方法就是起义！”到1839年5月，在请愿书上签字的达125万人以上。统治阶级否决了审议请愿书之后，各地相继爆发了罢工和起义。1840年7月，全国宪章协会成立，恩格斯称之为“第一个近代工人政党”。1842年的经济危机促使第二次宪章运动高潮的到来。2月宪章派向议会递交了新的请愿书，签名人数达300多万。请愿书除要求普选权外，还提出废除新济贫法、限制工时和实行政教分离等要求，特别是提出消灭资产阶级和地主对机器、土地、交通工具的独占，以及支持爱尔兰与英国分离等许多要求。国会再次否决了请愿书，宪章派号召举行总罢工以示抗议，不少地方发生了工人和军警的冲突，许多城市陷于瘫痪状态。1848年巴黎二月革命的胜利和欧洲各国革命的爆发更加鼓舞了英国工人的斗志，宪章运动出现了第三次高潮。约197万人在请愿书上签名，当时格拉斯哥失业工人在“不给面包就革命”的口号下举行游行，军警开枪射击，死伤多人。英国的宪章运动最终以失败告终，但它提出的6条要求，除议会每年改选一次外，后来都得到实现。宪章运动是无产阶级作为独立的政治力量登上历史舞台的重要标志之一。对英国甚至整个世界来说具有重大意义。恩格斯说：“在宪章主义的旗帜下起来反对资产阶级的是整个工人阶级，他们首先向资产阶级的政权进攻，向资产阶级用来保护自己的这道法律围墙进攻。”列宁说：宪章运动是“世界上第一次广泛的、真正群众性的、政治性的无产阶级革命的运动”。

1844年6月，德国西里西亚纺织工人举行武装起义。当时西里西亚有发达的纺织业，这个地区从事棉麻纺织的工人和家庭手工业者受到工场主、包买商以及地主的残酷剥削。在19世纪40年代，由于资本家把英国机器纺织品冲击带来的损失转嫁给工人，加剧了他们的贫困。1844年6月4日，以争取提高工资被拒绝为导火线，在欧根山麓两个纺织村镇彼特斯瓦尔道和朗根比劳爆发了纺织工人自发的起义。起义队伍迅速扩大到3000人，集中打击工人最痛恨的工厂主。起义者以简陋的武器迎战前来镇压的包括骑兵和炮兵的政府军。坚持到6月6日，起义被镇压。西里西亚纺织工人起义推动了工人运动的发展。西里西亚主要城市布勒斯劳的手工业者和学徒，柏林、亚琛的纺织工人，马格伏堡的糖厂工人等，先后举行罢工和局部起义，响应西里西亚纺织工人的斗争。这次织工起义事件表明无产阶级已作为独立的政治力量登上历史舞台。

19世纪上半叶，欧洲无产阶级已经开始意识到自己独立的历史地位，开展有组织的政治斗争，寻求本阶级独立的途径和手段。但是无产阶级的斗争还不成熟，无产阶级要想正确理解自己的历史使命，认清解放道路，就迫切需要总结自己多年的革命斗争经验，找到科学理论的指导。生产力的不断发展，资本主义社会基本矛盾日益暴露，两大阶级直接对抗，这样一种新的历史背景为马克思主义理论的产生提供了最基本的条件。马克思主义的直接思想来源包括三个部分：德国古典哲学、英国古典政治经济学、法国空想社会主义。马克思、恩格斯在批判继承前人思想的基础上，形成了由马克思主义哲学、马克思主义政治经济学和科学社会主义构成的理论体系。

第二节 马克思主义哲学

马克思主义哲学的直接思想来源是德国古典哲学，马克思继承了黑格尔辩证法中的“合理内核”与费尔巴哈唯物主义的“基本内核”，从而逐渐确立了包括辩证唯物主义和历史唯物主义的马克思主义哲学。

一、对黑格尔辩证法的批判与继承

威廉·弗里德里希·黑格尔（1770—1831），生于德国符腾堡公国首府斯图加特的一个官吏家庭。1807年黑格尔出版了他的第一部著作《精神现象学》。这部著作作为人的意识发展诸阶段的缩影，深刻地揭示了人的个体发展及人类社会发展两个方面的历史辩证法。1808年至1816年黑格尔完成了《逻辑学》，它集中地体现了黑格尔把宇宙看成一个运动、变化、发展的有机整体的合理思想。1818年黑格尔被任命为普鲁士王国的教授。在柏林时他的主要著作是《法哲学原理》。在这一时期，黑格尔还讲授历史哲学。黑格尔在历史哲学中通过理性主宰世界这一客观唯心主义原则，把历史看作一个有规律的、不以人的意志为转移的过程，从而结束了把历史看作非理性的、一团紊乱的观念。1829年，黑格尔被任命为柏林大学的校长和政府代表。他在柏林大学的讲稿在他死后被整理为《哲学史讲演录》《美学讲演录》和《宗教哲学讲演录》。黑格尔哲学是19世纪德国资产阶级的世界观体系，它集德国古典哲学之大成，具有百科全书式的丰富性，居于整个资产阶级哲学的高峰。它不仅反映了当时德国资产阶级的革命性与软弱性，也在一定程度上反映了当时整个西方资产阶级的特点。在黑格尔哲学中，体现了辩证法内容与保守体系的深刻矛盾。

在黑格尔看来，辩证法就是一切事物的真实本性，是支配一切事物和整个世界的法则。辩证法实际是一种内在的超越，它超越的过程就是使自身成为否定的过程。一切有限之物都要扬弃自身，换一种说法就是，一切存在的事物，都有其自身运动、变化、发展的过程，一切事物的发展必然经历产生、发展、灭亡过程。存在的就是合理的，存在的也是终将灭亡的。所以，掌握辩证法才能认识事物的内在联系和必然性。

黑格尔认为，自然界和精神界的一切领域、一切形态都受辩证法矛盾原则的支配。比如在自然界里，行星既是运动的，也是静止的，当它停止于某个地方时，它也在准备移动到别处，它的存在由它自己的运动表现出来。辩证法在精神世界，尤其是在法律道德上的表现是某种情况或行动的极端，总是转为它的反面。比如，一个人把自由理解为纯粹个人的自由，想做什么就做什么，那么当他随意拿属于别人的东西并达到极端时，他就会彻底失去自由，被关进监狱。同样，在政治生活中，极端的专制主义和极端的无政府主义是可以相互转化的。在道德范围内，如在个人修养上，太骄则折、太锐则缺等词语都体现了辩证法思想。所以，马克思认为黑格尔最伟大之处在于确认了人的自我产生是一个过程，“把对象化看作失去对象，看作外化和这种外化的扬弃”，因而黑格尔抓住了劳动的本质，把人理解为自己劳动的结果。正是在这一点上，马克思批判地继承了黑格尔，建立起了自己的辩证法的起点。总之，黑格尔第一次把整个自然的、历史的和精神的世界描写为一个过程，认为它们是处在不断运动、变化、转变和发展中的，要认识并且正确地认识事物，就需要了解事物的生成、发展、灭亡和转化的内在联系与矛盾。

但是，黑格尔哲学是唯心的，因为它以“绝对精神”为世界的本原。在他的著作《精神现象学》中，黑格尔用自我意识代替现实的人，“因此最纷繁复杂的人类现实在这里只是自我意识的特定的形式，只是自我意识的规定性”。因为在黑格尔看来，这些规定性都只是“纯粹的范畴”、“思想”，所以它们都可以在纯思维中被扬弃掉。在他看来，他头脑中的思想不是现实的事物和发展过程的反映，而自然界和人类社会中的事物是存在着的“观念”的现实化。唯心主义脱离客观物质世界，认为人的思维是主体，是万能的，世界是自我意识的表现形式，人的思维可以通过客观世界任意地表现自己。举个例子来说，就是具体水果和“水果”概念之间的关系。从现实的苹果、梨、草莓等具体事物中得出“果实”这个概念，又把从现实的果实中得到的“果实”概念看作是现实的苹果、梨等的外在本质，并宣布这个概念是现实具体的果实的“实体”。苹果、梨等只不过是“果实”概念的存在形式，是非本质的“样态”，本质的实体是“果实”概念。马克思指出了他的哲学的致命弱点：第一，用把具体抽象为概念的办法来确立概念的至上性，并不能使人得到真知识，因为如果我们看到不同种类的水果就说这是“水果”，并且看到多少种不同的水果就说多少个“水果”这个词，那么我们最终还是没有获得知识，而且这对于实际也是毫无用处的。第二，要确立概念的至上性，从认识由具体向抽象的发展可以很容易达到，但这种概念至上性的唯心主义理论，不能解释同一个“水果”实体怎么会成为苹果、梨等多种多样的形式，也不能解释这个“一般水果”怎么会忽而表现为苹果，忽而表现为梨。

黑格尔用“绝对精神”作为一个万能的概念代替全部人类现实，一切都被弄得头足倒置了。马克思吸收黑格尔辩证法的合理内核，创立自己的辩证唯物主义哲学。马克思曾说过，他自己的辩证法从根本上来说和黑格尔的辩证法是完全不同的，甚至是截然相反的。因为，在黑格尔看来，思维过程或观念是自然界和人类社会的创造者，而我们所能见到的现实的事物只是思维过程的外部表现，也就是整个世界是人类思维的反映。马克思的辩证法则恰好相反，他认为思维是对现实世界的反映，“观念的东西不外是移入人的头脑并在人的头脑中改造过的物质的东西而已”。

二、对费尔巴哈唯物主义的改造

马克思在批判黑格尔唯心主义并继承辩证法的“合理内核”的基础上，还改造了费尔巴哈的唯物主义，进而阐明了新的社会历史观。路德维希·费尔巴哈（1804—1872）是在黑格尔学派解体过程中出现的唯物主义哲学家。他恢复了唯物主义的权威，肯定自然离开人的意识而独立存在，时间、空间是物质的存在的形式，人能够认识客观世界；对宗教神学进行了有力的揭露和批判。但他抛弃了黑格尔的辩证法，他的唯物主义依然是形而上学的，社会历史观是唯心主义的。

费尔巴哈的唯物主义认为，现实的、感性的自然界是世界的本体，人也是现实的、感性的自然物，思维只不过是感性的自然物的人的属性。因此，他强调现实的感性的人的意义，而批判把人看作意识附庸的宗教世界观。他的这种观点，无疑是批判黑格尔把“绝对精神”称为世界本体而把人看作自我意识的思辨唯心主义的强有力武器。马克思虽然高度肯定了费尔巴哈批判宗教的功绩，但同时也指出，宗教批判仅仅是人间批判的先声。由于费尔巴哈唯物主义哲学本身脱离现实生活和时代，没有做人间批判这项工作，因此马克思自觉地提出了批判尘世的任务，这一思想本身就是对费尔巴哈哲学的局限性的揭示。在《1844年经济学哲学手稿》中，以及一直到当年秋天，马克思仍然高度赞扬费尔巴哈的唯物主义，把它作为批判反动的唯心主义思辨的强有力的武器。但是，马克思对旧唯物主义提出了批判，旧唯物主义“对事物、现实、感性，只是从客体的或者直观的形式去理解”，即只是把事物理解为人之外的客体，人与客体的关系仅仅是人可以直观客体。如费尔巴哈认为：“直观是生活的原则”，“直观提供本质、真理、现实，……直观信实于自己的对象”，“主体和对象的同一性……只有在人对人的感性直观中，才是真理和实在”。并认为，人与物的关系，只是人反映物，人的“意识是一面镜子”。所以，旧唯物主义不懂得人的感性活动，即实践的意义。因此，马克思在批判费尔巴哈哲学中明确了人的现实的能动性，阐明了新唯物主义的特点。

首先，实践是检验真理的唯一标准。费尔巴哈认为感性直观和众人的意见是检验理论真理性的标准，把人与人联系起来的思想就是真理思想。显然这种真理的标准具有不确定性和变动性。马克思认为，实践是检验真理的唯一标准，人应该在实践中证明自己思维的真理性。离开了人的对象性活动即实践，在纯理论的圈子里讨论理论，在纯思维的范围内来判定思维是否正确，如之前谈到的“逻辑证明”，必然会把理论和思维导向神秘主义。人的全部社会生活在本质上是实践的，所以，任何被神秘化了的理论，只要把它引回到实际社会生活，用实践来检验和考察它，它的神秘性就会云消雾散。

其次，人是环境和教育的产物，同时环境也是由人来改变的，强调人的主观能动性和实践性在认识中的作用。旧唯物主义认为，现实社会之所以存在罪恶和灾难，是由于人性太坏或者太愚昧，因而要使社会进步，消除罪恶和灾难，关键问题就在于使人脱离现实的丑恶社会环境，同时对他们进行教育，使他们一改愚昧和邪恶的本性，成为善良、智慧的人。这样，新的社会秩序的建立才有可能。所以，旧唯物主义者都笃信“环境决定论”和“教育万能论”。这样一来，由于社会环境和教育水平不同，社会必将分成两部分，其中一部分属于上层，另一部分则属于下层。自然就会出现英雄人物和普通群众，从而形成个别英雄人物是世界历史的创造者的英雄史观。另外，企图使人脱离现实苦难社会环境，而到一个美好的环境中去以改变人的本性、促成社会进步的想法，实际上是把目的本身当成了条件，因为环境是由人来改变的和创造的。马克思指出，环境的改变和人的改变，实际上都统一于人自身的活动过程。也就是说，人的活动既改变环境，也改变自身。人本身既是主体，是改造者，同时也是自己活动的对象、客体、被改造者。人在改造客体世界的过程中也改造自身。所以，社会的进步是人自身的活动过程，根本不需要高于人的上帝或英雄。人依靠自己本身的活动推动社会历史的进步和人自身的成长、发展。所以，马克思写道：“环境的改变和人的活动或自我改变的一致，只能被看作是并合理地理解为革命的实践。”

再次，人的本质不应是宗教的本质，不应是单个人所固有的抽象物，而是“一切社会关系的总和”。费尔巴哈把宗教的本质归结于人的本质，但是他所理解的人是超越历史时空的孤立的个体，是没有主体性现实活动的机械性的自然物；另一方面，在他看来，人的特征、本质就是与生俱来的宗教感情。他写道：“理性、爱、意志力，这就是完善性，这就是最高的力，这就是作为人的绝对本质，就是人生存的目的。”“人的本质只是包含在团体之中，包含在人与人的统一之中，但是这个统一只是建立在‘自我’和‘你’的区别的实在性上面的。”所谓实在性，就是物质性，人是具有相同属性的物质实体、感性、事物，所以，人是一个统一的类，而这个类的统一性，就是人的本质。显然，因为费尔巴哈把人的本质——“类”理解为人的物质实体的共同性，因而这种共同性决不是那种以外化形式表现出来的、活生生的、有声有色的社会活动的人的实践，而是物体属性“内在的”、“无声的”、“自然的”共同性。马克思指出，对人的本质的科学理解，只能从人的对象化的社会活动即实践中去寻求，因为实践，即人的活动，是对象化的活动，所以社会活动就必然表现为作为活动主体的人与他人的关系，又因为人的对象化活动的内容是多样的、丰富的，所以，这种活动的总体就表现为社会关系的总和。人的一切能力、特点都从他的对象化的活动中表现出来，因此，他的本质就在实际上表现为社会关系的总和。社会关系的总和就是外化了的人的本质的全部内容，也就是人的本质。

马克思、恩格斯在阐明辩证唯物主义哲学的同时，又把这种哲学运用到认识人类社会上来。他们运用辩证唯物主义哲学对整个人类社会和人类历史进行研究和分析，从而确立了唯物主义历史观，结束了认为历史是僵死事实的搜集的形而上学的历史观和认为历史是想象的主体抽象活动的唯心主义历史观的统治。

马克思、恩格斯认为人们的第一个历史活动就是物质生活资料的生产，因为，人要生活，就需要衣、食、住及其他东西来满足自身的基本需要。人的物质需要的被满足和这一活动过程，以及活动过程中工具的产生，又推动了新的需要的产生，于是新的活动过程又开始了，人的活动的历史就是这个过程的不断进行。但是人与自然以及人与人之间的活动不是孤立的，人们在进行物质生产过程中必然会发生关系。不同时期人们进行物质生产和精神生产的基本物质和基础条件不同，人们所面对的生产资料以及生产工具也随着社会的变化发展而不同。历史，不外乎就是活着的人们的各个世代的依次更替。与生产力水平相适应的人与人之间的交往方式即生产关系也具有一定的历史继承性。后代人在按照前代人遗留下来的交往形式进行物质生产时，一部分生产关系适应生产力的发展，从而促进社会的进步；另一部分生产关系却变成了历史活动的桎梏，阻碍生产力的发展和社会的进步。也就是生产关系受生产力水平的制约，反过来生产力又被生产关系所制约。当旧的生产关系成为生产力的桎梏时，就要被新的生产关系所代替。生产力的发展引起生产关系的改变是通过分工和所有制的发展表现出来的。最初的社会分工是一种自然的分工，是根据天赋或偶然性的自发产生的分工。后来，随着生产力的发展，分工才真正成为严格的、真正的分工。分工使不同的人分担物质活动和精神活动，劳动和享受成为可能和现实。分工出现了对劳动者和产品的不平等分配，因而也就产生了所有制，分工和私有制引起了人类共同利益的分裂，随之产生了个人利益的发展，人们以私有者的身份成为彼此对立的劳动者。所以，生产力的发展导致私有制的产生和发展，最终推动了社会经济和社会历史的发展。人类历史就是这样随着生产力以及社会关系的发展而依次交替进行的。人类历史所经历的原始社会、奴隶社会、封建社会、资本主义社会都是生产力和生产关系之间矛盾发展的结果。生产力是一切社会冲突的根源，生产力和生产关系的矛盾冲突是实现社会形态不断更替的客观基础。

马克思认为，观念、思维是人们物质关系的直接产物。意识在任何时候都只能是被意识到了的存在，而人们的存在就是他们的实际生活过程。不是意识决定生活，而是生活决定意识。所以，在社会存在和社会意识的关系上，社会存在是第一性的，而社会意识是第二性的。社会存在决定社会意识，社会意识是社会存在的产物。社会意识与社会存在发生冲突的根源就是社会关系和现存的生产力发生了矛盾，而这种矛盾则是形成社会革命的前提。

总之，人们在自己社会生产中会发生不以人的意志为转移的关系，而这一关系就是同物质生产力发展阶段相适应的生产关系。这些生产关系的总和构成社会的经济结构，即有法律的和政治的上层建筑竖立其上，并有一定的社会意识形式与之相适应的现实基础。物质生产方式制约着整个社会的生活。社会存在决定社会意识。社会物质生产力发展到一定阶段就会同现存的生产关系发生矛盾冲突，于是这些关系就成为生产力发展的桎梏。那时，社会革命的时代就到来了，为社会历史的发展、社会形态的更替准备了条件。这里要明确的是虽然社会变革的主要原因是生产力和生产关系的矛盾运动，但是，并不是说，人们只等着经济基础变革就行了，辩证唯物主义强调人的实践活动和主观能动性的发挥，要改变生产关系，改变人与人之间的关系，是不能离开人的行动而自动完成的。强调在历史变革中人的作用的发挥，要明确人民群众是社会历史的推动者和创造者。

马克思主义的哲学是最完整、最正确的唯物主义，它是最发展、最丰富、最具体的哲学。它是工人阶级、劳动人民以及全人类认识世界和改造世界的武器。

第三节　马克思主义政治经济学

马克思认为经济结构是社会一切上层建筑的基础，所以他就把他大部分的精力用于经济结构的研究上。马克思、恩格斯以历史唯物主义为理论武器，对经济史和经济现状进行了大量研究，从劳动价值理论出发，进而发现资本剥削雇佣劳动的实质，形成了剩余价值的基本思想，论证了近代资本主义社会的产生、发展及不可避免的毁灭的过程。

一、古典政治经济学的矛盾

在马克思之前，在资本主义最发达的英国、法国，已经产生了资产阶级的古典政治经济学。其中亚当·斯密和大卫·李嘉图是古典政治经济学的代表。亚当·斯密，是英国苏格兰哲学家和经济学家，他所著的《国民财富的性质和原因的研究》（简称《国富论》）成为了第一本试图阐述欧洲产业和商业发展历史的著作。这本书发展出了现代的经济学学科，也提供了现代自由贸易、资本主义和自由意志主义的理论基础。大卫·李嘉图，是英国资产阶级古典政治经济学的完成者。李嘉图早期是交易所的证券经纪人，后受《国富论》一书的影响，激发了他对经济学研究的兴趣，其研究的领域主要包括货币和价格，对税收问题也有一定的研究。李嘉图的主要经济学代表作是1817年完成的《政治经济学及赋税原理》，书中阐述了他的税收理论。1819年他曾被选为下院议员，极力主张议会改革，支持自由贸易。李嘉图继承并发展了亚当·斯密的自由主义经济理论。他认为限制国家的活动范围、减轻税收负担是增长经济的最好办法。两人在他们的著作中都已经奠定了劳动价值论的基础。但因他们是站在资产阶级的立场上，所以他们终于陷入种种的矛盾，却不能加以解决。

资产阶级社会的财富，是无数的商品的积聚，但是一切商品的价格却不是永恒不变的，都随着不同的原因而上下浮动，摇摆不定。在这种价格上下摇摆的变动之中，政治经济学开始寻找变动的根据。经济学家从商品的价格变动中去寻找调节这种价格的规律——商品的价值，只有运用这种价值规律，方能解释价格的变动。

古典政治经济学认为商品的价值是由商品内所包含的劳动来决定的。其实这个解释还是不完备的，因为商品的价值不是由每件商品内所包含的劳动量来决定的，而是由制造这件商品的社会必要劳动量来决定的。古典政治经济学家在采取商品价值由劳动决定的理论以后，就开始陷入种种矛盾之中。进一步探究，劳动价值是由什么东西决定的呢？如果回答劳动价值是由其中包含的劳动来决定的，那么这就绕回了原点，结果一无所得。古典政治经济学于是企图用别种方法来解释这个问题，它说商品的价值等于其生产费用。但是劳动的生产费用又是什么呢？为了回答这个问题，古典政治经济学家们不得不违背逻辑，他们不去考察劳动本身的生产费用（因为这是不能确定的），而去考察什么是工人的生产费用，这种生产费用是可以确定的。在资本主义社会里，工人的生产费用就是使工人能生产他的劳动能力，维持他的劳动能力，以及在他因年老、疾病或死亡时能有新工人代替他所必需的生活资料的数量，或者说是这些生活资料的货币价格。

举例来说，假定每天生活资料的货币价格是1元，工人每天从资本家那里得到1元的工资，他得了这个工资后，就替资本家做12小时的工。假定这个工人每天要做一件机器。原料价值3元，煤油、机器及其他东西的消耗，共值1元，工资1元，那么总计起来，这件一日完成的机器共值5元。但是资本家平均从机器的买主处所得为6元，这多出的1元装入资本家的腰包，这1元钱是从什么地方来的呢？

根据古典政治经济学，商品是按照本身价值而出卖的。如果这样，那么每件机器的平均价格一定要等于它的价值。但是在资本家所得的6元之中，有4元（原料、机器等消耗）是在工人工作以前已经存在的价值，所新加上去的价值等于2元。根据经济学家的计算，这2元是完全由工人的劳动而得到的，他的12小时的工作，造成了2元的价值。这样看来，他的12小时的劳动价值等于2元。劳动的价值的问题似乎解决了。

但是，这位工人立刻起来争辩道："不对，我所得的只有1元。"资本家说："你12小时的劳动只值1元，而不能再多！"所以这上面就发生了不可调和的矛盾。在工人方面，12小时劳动的价值，只有1元；在资本家方面则有2元，1元作为工资给了工人，1元装入自己的腰包中。这样看来，劳动不是有一个价值，而是有两个价值，并且是两种极不相同的价值。

假使我们把货币所表现的价值归结于劳动时间，这个矛盾就显得更加荒谬了。工人劳动了12小时，创造了2元的新价值，6小时劳动创造的是1元的价值。现在工人劳动了12小时，而他得到的却是6小时劳动的产品价值。总而言之，或者是劳动有两个价值，其中一个比另一个大一倍，或者是12等于6，不论哪种情况都是荒谬的。

古典政治经济学丝毫不能解决这个矛盾，古典政治经济学家寻找劳动的价值，结果陷于没有出路的泥坑之中。这是使李嘉图学派破产的一个难题。古典政治经济学家们不明了剩余价值的意义。李嘉图根据资本主义生产的事实，虽然已经知道工人劳动所生产的商品的价值大于工资的价值，也就是说工人的全部工作时间，多于生产工资价值所必需的时间，但他不能从理论上讲清楚这个问题。这个事实是怎样产生的呢？为什么是这样的呢？古典政治经济学没有给出答案。

最终解决这种矛盾、指示出正确道路的人，是马克思。

二、剩余价值理论的产生

马克思指出古典政治经济学之所以陷入没有出路的泥坑，正是因为他们不知道剩余价值，他们把劳动与劳动力混淆了。工人所出卖的不是劳动，而是劳动力。工人在雇佣劳动制之下，不得不把他的劳动力卖给资本家。资本家于是取得了全日使用工人劳动力的权力。劳动力是一种特殊商品，资本家能使用它创造高于它的价值。马克思说，当工人的劳动实际上开始了的时候，它就不再属于工人了，因而也就不再能被工人出卖了。所以，工人出卖了他的劳动力，而资本家则得了某个时期内使用工人劳动力的权力，强迫他做出剩余的劳动来，这样，古典政治经济学所不能解决的矛盾，就被马克思完全解决了。

马克思在批判了资产阶级古典政治经济学的错误之后，进而创立了剩余价值的理论。资本家既然获得了支配工人劳动力的权力，所以就强迫工人做更多时间的工作。本来工人为补偿他的工资，只要做6小时工作就够了，可是资本家却强迫他做12小时，于是工人多做了6小时的工作，这6小时就成为剩余劳动，而其所生产的价值，则为剩余价值。这种剩余价值被资本家所占有。按照上述的例子，资本家付1元工钱，强迫工人做12小时的劳动，生产2元的新价值，其中1元资本家用来抵偿工资，另1元资本家则并不付任何代价，就装入自己腰包。所以资本家预付1元工资，就可以获得2元的价值；资本主义社会的生产过程，每日即是如此反复，这种生产制度是以劳动力的买卖及剩余价值的生产为基础的。这种制度，一方面形成工人阶级，另一方面形成资本家阶级。

在这上面，马克思再清楚不过地证明雇佣劳动制是一种变相的奴隶制。他说，工人与农奴，都是各有各的无偿劳动，不过一个好像是自动的供给，一个是强迫的供给，只有这种区别罢了。实际上不只这样，马克思还指出，资本主义的剥削方式比起奴隶制来，具有很大的欺骗性，不容易使被剥削者看出它的剥削本质。马克思说，在徭役劳动下，服役者为自己的劳动和为地主的强制劳动在空间上和时间上都是明显地分开的。在奴隶劳动下，连奴隶只是用来补偿他本身的生活资料的价值的工作日部分，即他实际上为自己劳动的工作日部分，也表现为好像是为主人的劳动，他的全部劳动都表现为无酬劳动。相反地，在雇佣劳动下，甚至剩余劳动或无酬劳动也表现为有酬劳动。马克思的剩余价值理论的创立，彻底揭露了资产阶级对无产阶级的剥削，给予了无产阶级以斗争的强大武器。

马克思之后更进一步分析了剩余价值在资产阶级内部的分配。剩余价值实现为利润，这种利润，不是完全归于雇佣工人的资本家，其中有一部分要为资本主义社会占有土地的地主、占有现款的借贷资本家、流转商品的商业资本家、保护资本家利益的资产阶级国家机器等所分沾，而采取地租、利息、商业利润及产业捐税等种种形式。

可是，产业利润、地租、利息等，不过是剩余价值的各部分的不同名称，它们都是由同一源泉（剩余价值），而且只是由这个源泉分泌出来的。资本、土地等不能产生利润，它们不过使它们的所有者能够榨取剩余价值的一部分。从劳动者方面着想，这种剩余价值，不管是否全部装入产业资本家的腰包，或产业资本家是否以地租及利息的名义，把一部分给予第三者，这都与劳动者本身毫不相干。假使产业资本家使用自己的资本和土地，那么剩余价值的全部自然都装进他的腰包中。产业资本家无论把剩余价值的哪一部分收为己有，总之，他们都是直接从劳动者身上剥削剩余价值的人。所以现代资本主义的全部生产制度，都是以资本家剥削雇佣劳动者的关系为基础而成立的。近代资本主义社会的主要矛盾，也就发生于这两个阶级之间。

劳动者被迫为资本家做更多的工作，为资本家生产并繁殖资本。工人劳动所产生的资本压迫着工人自己，同时破坏小生产者，造成失业大军。大规模的生产不断地战胜小生产，生产迅速地集中起来。这种集中的过程，在工业中是明显地可以看到的。在农业中集中过程虽然比较慢些，但是也同样可以明白地看出来，大规模资本主义农业的优越地位增长起来，机器的应用增多，小农经济陷于资本的淫威之下，因其技术的落后，不断地破产。在农业中，小生产的低落虽有着不同的形式，但是低落的事实总是确凿无疑的。大资本吞并了小生产，提高了生产力，形成了大资本家联合的垄断，生产的社会化程度也更高了。数十万数百万工人，被组织在大规模的经济企业之中，社会化劳动所产生的巨大财富，为极少数资本家所吞占。劳动者虽然生产了社会的巨大价值，但他们自己所得的，却只占极小的部分（而且这部分的比例，还在不断减低）。结果，社会化大生产一方面形成巨大的财富和大量的商品堆积，另一方面，社会上大量的雇佣劳动者，处于非常贫困的地位，而没有力量来购买自己需要的商品。资本主义社会内巨富的资本家阶级与贫苦的无产阶级之对立，使社会自身更激烈地酝酿着爆裂、破毁的种子。生产的无政府状态、经济危机、资本家疯狂地对市场的争夺、劳动群众生活状况的恶化等问题，日益尖锐起来，资本主义社会将在这种尖锐矛盾的发展过程中趋于灭亡。

资本主义生产造就了巨大的物质财富，也造就了“毁灭自己”的伟大力量——无产阶级的力量。在这上面，也正如黑格尔所说的，“一切有限之物，都要自行毁灭，而转成它的反面”。在资本主义内部，更强有力地发展着毁灭资本主义的力量。剥夺者，将被剥夺了。

马克思在政治经济学中，从简单的商品、货币开始，一直研究到资本主义高度发展的形式，透彻地说明了资本主义社会的经济结构。他在简单的商品交换里面，看到了人与人的关系，他说明货币在资本主义社会中的作用，他指明了资本主义的生产过程。他揭露了资本主义生产的本质是追求剩余价值的生产。最后，他预示了资本主义发展的趋势，以及它的不可避免的灭亡。马克思正是从资本主义的生成、发展、毁灭的过程中，去研究资本主义。他的政治经济学也像他的哲学一样，是人类历史上最发展、最丰富、最具体的科学。他吸收了以前一切经济学中（主要是古典政治经济学）有价值的精华，而以科学的辩证唯物主义和历史唯物主义，对于前资本主义社会及资本主义社会的经济结构进行了透彻的研究和分析。

第四节　科学社会主义

马克思主义哲学即辩证唯物主义和历史唯物主义，以及马克思主义政治经济学的产生为科学社会主义的诞生奠定了理论基础。

一、社会主义由空想到科学

19世纪初期的空想社会主义代表人物如傅立叶、圣西门、欧文等，他们所提出的社会主义思想包含着科学社会主义的萌芽。他们揭露了资本主义生产方式及其后果，指出资本主义是一种新的变相的奴役形式，私有制是一切罪恶的根源，并且抨击了资本主义社会的利己主义和道德败坏的行为。马克思、恩格斯对此给予了很高的评价，在其许多著作中都利用了空想社会主义者批判资本主义所提供的材料。同时，空想社会主义者们在批判资本主义制度的基础上，对未来理想社会也作出了科学的预见，如消灭私人经营和雇佣劳动、消灭三大差别、实行按需分配等，为科学社会主义的创立提供了有益的思想材料。但是，他们虽然批判了资本主义社会，斥责了、咒诅了这种社会，希望消灭这种社会，并天才地预示了建设新社会的一些原则，可他们仍然是乌托邦式的幻想。空想社会主义者所持的历史观是唯心主义的，他们在揭示资本主义的本质和灭亡的必然性时不是从资本主义社会发展的现实和规律出发，而是从抽象的理性出发，在头脑中设想种种社会改革方案，明显是具有空想性的。而且他们只是把无产阶级当作资本主义社会下深受剥削、压迫的阶级，是值得可怜、同情的阶级，而不把他们当作推翻旧世界、建设新社会的社会力量。他们反对无产阶级的阶级斗争，反对暴力革命和无产阶级专政，妄图依靠宣传教育、实施示范，以及向有产者解释剥削的不道德，使之发善心可怜无产阶级，从而进行和平革命，实现所幻想的未来美好的社会。自然这种劝告与解释，等于与虎谋皮，是不会有任何实际的效果的。乌托邦社会主义，绝对不能指出正确的道路，它既不能说明资本主义雇佣奴隶制的实质，也不能发现资本主义发展的规律，更不能找到能够成为新社会创造者的社会力量。

马克思主义的社会主义则与之相反。马克思主义的社会主义建立在马克思主义哲学、马克思主义政治经济学的基础之上。历史唯物主义和剩余价值的发现，使社会主义由空想变成科学，从而在社会主义史上实现了一次最伟大的变革。

历史唯物主义的发现，始于19世纪40年代。马克思、恩格斯根据他们对人类社会历史的研究，在《德意志意识形态》《共产党宣言》《资本论》等著作中，已对历史唯物主义作了明确、系统、深刻的阐述。这一理论指出，已往人类社会的全部历史除原始社会外，都是阶级斗争的历史，在阶级社会，阶级斗争是推动社会发展的动力，这些相互斗争的社会各阶级都是自己那个时代的经济关系的产物，每个时代的经济结构形成社会的现实基础，每个时代的政治设施、法律设施，以及宗教、哲学等观点构成上层建筑，这些上层建筑归根到底应由经济基础来说明。历史是一个有规律的发展过程，它是生产力和生产关系辩证发展的结果。生产关系一定要适合生产力的性质，上层建筑一定要适合经济基础的性质。当生产关系和生产力发生对抗时，革命就必然会到来，国家的性质随着经济基础的改变而改变。从这个观点看来，要想推翻资本主义，实现社会主义，就应该深入了解研究资本主义社会的经济关系，研究这个社会的阶级斗争，并从中找出解决矛盾的办法，而不应该是单凭头脑来构造一个新社会。因此，社会主义现在已经不再被看作某个天才头脑的偶然发现，而被看作历史产生和分裂的两大阶级——无产阶级和资产阶级间斗争的必然产物。它的任务不再是想出一个尽可能完善的社会制度，而是研究必然产生这两个阶级及其相互斗争的那种历史的经济的过程，并在由此造成的经济状况中找出解决冲突的手段。

剩余价值发现的意义，在于彻底弄清了资本和劳动的关系。它揭穿了资本主义剥削的秘密，说明了资本家发财致富和无产阶级穷困的原因。资本家也像奴隶主、封建主一样，靠占有他人的无偿劳动发家致富。剩余价值的发现给了全世界无产阶级、劳动人民、社会主义者以强大的武器。马克思还进一步指明，资产阶级为了追求剩余价值，如何去加深对工人阶级的剥削，如何使资本主义的基本矛盾越来越尖锐，资本主义社会内部怎样萌发了新社会的因素，从而说明了社会主义代替资本主义的必然性。空想社会主义者虽然也批评了资本主义的生产方式及其后果，但是他们不能说明资本主义生产的剥削本质，因而也就没有办法对付它。这一问题由于剩余价值的发现而被解决了。

二、社会主义必然胜利

马克思、恩格斯用历史唯物主义来分析资本主义社会，并指出它的必然灭亡和社会主义的必然胜利。

一切过去社会的历史，都是阶级斗争的历史。统治阶级与被统治阶级从古到今，始终处于相互对抗的地位，并不断地进行有时隐蔽有时公开的斗争。每次斗争的结局不是整个社会受到了革命的改造，便是斗争的各阶级同归于尽。我们几乎到处都可以看到社会完全划分为各个不同的等级，可以看到由各种不同的社会地位构成的整个阶梯。即使取代封建社会的现代资产阶级社会，也没有消灭阶级对抗，它不过用一种更加隐蔽的剥削和压迫形式对被统治者进行统治。而且，资本主义社会使社会各阶级的对抗日益简单化，整个社会现已日益分裂成为对垒的两大阵营，互相仇恨的两大阶级，这就是资产阶级与无产阶级。

资本主义社会的建立是资产阶级在反对封建贵族，经过激烈的阶级斗争才获得的。同时，资本主义国家内建立的比较民主一点的资产阶级民主制度，也都是经过人民群众的激烈斗争，方才形成的。马克思、恩格斯的伟大功绩之一，即他们能够从这上面得出世界历史所教导我们的结论，从而建立了阶级斗争的学说。

马克思、恩格斯在《共产党宣言》中首先分析了现代资产阶级的产生、发展及其政治力量。蒸汽和机器引起了工业中的革命。现代的大工业代替了工场手工业，工业中的百万富翁、整批整批产业军的统领、现代资产者代替了工业的中间等级。大工业建立了由于美洲的发现而准备好了的世界市场。这种市场，极大地促进了商业、航业、陆路交通的发展，又转而促进了工业的发展。工业、商业、航业、铁路越发展，资产阶级也越得到发展，资本也愈加增多，将中世纪留下的一切阶级都排挤到后面去了。由此看来，我们可以知道现代资产阶级是一个长期发展过程的产物，是生产及交换方式多次革命的结果。资产阶级每发展一步，它的政治上的权力也便相应地跟着发展一步。在封建时代贵族掌权的时候，资产阶级也曾是被压迫的阶级。在中世纪的公社里，它是个武装的自治团体，在一些地方，它组成独立的城市共和国；在另一些地方，它变成君主国中的纳税的第三等级。到了工场手工业时期，它是等级制君主国或专制的君主国与贵族相抗衡的势力，并且是一切大君主国的主要基础。最后在大工业和世界市场都建成了的时候起，资产阶级在现代的代议制国家里夺得了独占的政治统治权。现代的国家政权不过是办理资产阶级公共事务的一个委员会罢了。

然后，马克思、恩格斯更明白地指出了资产阶级革命的根本原因。他们说道，资产阶级赖以形成的生产和交换手段，都是在封建社会里形成的。这种生产和交换手段发展到一定地步，封建的所有制关系便不能和那已经发展了的生产力相适应了。这种生产关系已经阻碍了生产，而不是促进生产了，它变成了束缚生产的桎梏。这种所有制关系必须被打破，而且果然被打破了。

在资产阶级夺取了社会的统治地位以后，发生了怎样的变更呢？社会的生产关系变更了。资产阶级建立了一种新的生产方式，即资本主义的生产方式。它以一种新的、残酷的剥削方法，来榨取“自由”的劳动者。它不但要使工人身体“自由”，而且要使工人从生产资料上也“自由”出来，变得一无所有。大产业以竞争的方法破坏了旧时的手工业生产，剥夺了小生产者的生产资料，于是大批的人民，变成“自由”的无产者，专供资产阶级进行剥削。资产阶级所高喊的“自由”，不过是公开的、无耻的、直接的、残忍的对人民剥削的自由。

资产阶级势力不仅统治了本国，而且向国外迅速蔓延。原料的输入，工业品的输出，使各国间发生了密切的经济关系。资产阶级迅速地改良了一切生产工具，并且不断改进交通工具，使交通更加便利，于是一切民族，甚至最野蛮的民族，也被卷入了“文明”之中，资产阶级价格低廉的商品成为它用来摧毁一切万里长城、征服野蛮人的最顽强的仇外心理的重炮。

资本主义不但统治了工业国及其城市，而且还把国内的乡村以及海外的农业国，置于自己的统治之下。它使乡村屈服于城市，同时又使未开化和半开化的国家依赖于文明国家，农业国家依赖资本主义国家，东方从属于西方。所以资本主义不但剥削城市的工人，而且还进一步剥削乡村的农民，以及经济落后国家的劳动人民。

在资产阶级统治的百余年中，生产力得到了迅速的发展和集中。人类对于自然力的胜利斗争，工业、农业上机械化的发展和化学的应用，轮船、铁路、电报的发展，大陆的开垦，河道的疏浚等，形成了前所未有的生产力。资产阶级打破了人口、生产资料、财产的分散状态；它使人口密聚了，生产资料集中了，财产聚在了少数人手里。由此必然生出的结果，便是政治的中央集权。它把各个利害关系、法律、政府、关税都不同的独立区域或勉强联合的区域结合起来，建成一个有统一的政府、法典、利益、国境、关税的民族。

在资本主义的生产关系之下，人与人的关系，都变成了商品交换的关系。人和人中间，除了赤裸裸的利害关系，即刻薄寡情的现金交易之外，再也找不出别的任何联系了。就是资产阶级的家庭，也是建立在这种关系上的。资产阶级把女人看成了商品，他们把自己的妻子，当作一种生产工具。资产阶级社会的男女关系，完全建筑在金钱主义之上，其他关系更不必说。资产阶级社会和其余一切阶级社会一样，在自身的发展过程中，造成了毁灭自己的武器以及使用武器的人。资产阶级曾经利用它的生产力，打破了封建的生产关系的束缚，推翻了封建统治，建立了它的政治统治。现在，这个推翻封建制的武器，又来对准资产阶级自己了。资产阶级的生产关系和交换关系，资产阶级的所有制关系，这个好像用法术一般创造了庞大的生产力的社会，现在就像术士念咒召唤来了魔鬼而又镇服不了它一样。数十年来的工业和商业史，就是现代生产力反抗现代生产关系，反抗作为资产阶级的生存和统治权的所有制关系的历史。证明这个事实，只要举出商业上的危机就够了，这种危机间隔一定期间，便发生一回，一回凶过一回，不断震动整个资产阶级社会。在这种危机之中，不但现存的一大部分商品要被毁掉，而且从前形成的生产力，也要被破坏。在这种危机里面，发生了一种古代梦想不到的社会瘟疫——就是生产过剩的瘟疫。社会突然现出回到野蛮状态的景象，仿佛饥饿骤至，又仿佛是一次毁灭性的大战，衣食全要断绝，一切工商业仿佛全被毁灭了。这是什么原因呢？这是因为文明过度，生活资料太多，工业和商业太发达。社会所拥有的生产力，已不能再促进资产阶级文明和资产阶级所有制关系的发展。相反，生产力已经强大到这种生产关系不能适应的地步。它受到了这种关系的束缚。一旦它要打破束缚，便会使资产阶级社会陷入混乱，使资产阶级的私有制度动摇。资产阶级的社会制度太狭窄了，不能容纳那伟大生产力所创造出的财富。资产阶级怎样才能逃出这种危机呢？它不外乎两个方面：一方面用强制力量毁坏一大部分生产力，另一方面夺取新市场，并尽量榨取旧市场。但可以说，这样做正是准备着更广大、更凶猛的危机，而使防止危机的办法愈来愈少。

资本主义在其发展的过程中，不但造成这种致自己死命的武器，而且还培养了使用这种武器的无产阶级。

资本主义的大规模产业，把大量的劳动者聚集在一起，使他们都组织得和军队一般。他们都成了产业军的士兵，并受着各级军士和军官的层层监视。他们不但做了资产阶级的奴隶，资产阶级国家的奴隶，并且每时每刻都受着监工、首先是各个工厂主资产者本人的奴役。这些大量的劳动者处于同一地位，具有同一利害，日常相接，互相提携，于是他们就紧密地团结起来，对抗共同的敌人——资本家。这样，资本主义的生产方式不异于替资产阶级造成了一支强有力的敌对的军队。

资本主义的生产方式不但使单独工厂里的劳动者团结起来，而且因为交通工具的发展，还使全国同一产业部门，以至各个产业部门的劳动者易于共同团结起来。国内某地一有事变，其他各地立刻可以得到消息，并起来响应或援助。不只如此，世界交通的发展，各国经济联系的紧密，更使全世界的工人阶级团结起来。于是，全世界的劳动者就可以联合起来，共同对抗资本主义。所以，资本主义生产的发展又让无产阶级形成了国际团结的力量。

资本主义的大生产不断破坏小手工业和小农的生产。这些小农和手工业者因其经济情况恶化，也在不断和资产阶级斗争。虽然他们的斗争只是为了保持他们的小生产，可是这种斗争显然会削弱资产阶级的力量。所以劳动农民、小生产者是无产阶级革命斗争中的最广大、最有力、最可靠的同盟军。

在旧社会的各种阶级斗争里，许多冲突也有利于无产阶级的发展。资产阶级处于不断的斗争中，最初与贵族战，随后与妨碍工业进步的一部分资产阶级战，又不断与外国资产阶级战。在这些战争里，资产阶级不得不向无产阶级呼吁，求得帮助，因此便将无产阶级卷进了政治运动。于是资产阶级就将自己的政治教育与普通教育提供给无产阶级。换句话说，就是将那种和资产阶级斗争的武器，交给了无产阶级。

在这样的状况之下，无产阶级的阶级觉悟与团结力量随着资本主义的发展而增长起来。随着工业的发达，无产阶级不但人数增加，而且渐次集中结成大团体，力量不断壮大，对于本身的自觉，也愈深了。而且机器又抹去各种劳动的差别，因此劳动阶级间的利害关系和生活状况，逐渐趋于一致，工资也几乎降到同样低的水平。资产阶级日益紧张的竞争导致商业危机不断加重，致使工人的工资愈来愈不稳定，甚至下降。而且机器不断地进步，使工人的生活愈来愈没有保障，劳动者与资本家间个人的冲突，又越来越具有两阶级间冲突的性质。于是，劳动者就结成了同盟去对抗资本家。有些地方，这种斗争转变为起义。由于经济危机的增加，无产阶级与资产阶级间的斗争，日益带有更尖锐的性质。工人阶级逐步建立起自己的政治组织，而由经济的斗争进入政治的斗争。直到这个斗争转变为公开的革命，无产阶级用暴力推翻资产阶级，建立无产阶级的统治。随着大工业的发展，资产阶级赖以生产和占有产品的基础本身也就从脚下被挖掉了。它首先生产的是它的掘墓人。于是，资产阶级的灭亡和无产阶级的胜利是同样不可避免的。

马克思、恩格斯指出，资产阶级社会生产力的发展、物质的极大丰富是在为共产主义的到来做准备。社会主义是从资本主义中产生的，从资本主义发展而来，它是资本主义社会中产生的那种社会力量发生作用的结果。但是，共产主义或科学社会主义的诞生不是一蹴而就的，而是在社会历史中循序渐进的，共产主义是有它的发展阶段的。

从资本主义社会到共产主义社会有一个政治上的过渡时期，即无产阶级专政。马克思、恩格斯根据无产阶级在资本主义社会中的作用分析，根据资本主义社会发展的事实，以及阶级矛盾尖锐化等得出，深受剥削压迫的无产阶级要想获得自身的解放，必须首先解放全人类。而这一目标的实现手段和途径就是暴力革命，武装夺取政权，建立自己的革命政权——无产阶级专政。这个专政代表最大多数的劳动人民的利益，压迫极少数的剥削者。

共产主义社会要经历两个发展阶段，第一阶段也叫共产主义社会的初级阶段；第二阶段是共产主义社会的高级阶段。在共产主义社会的初级阶段，这时共产主义才刚刚从资本主义社会中产生出来，在经济、道德和精神方面还带有旧社会的痕迹。比如在旧社会的痕迹未消灭之前，要采取“按劳分配”的分配原则。因为，在彻底清除“资产阶级权利”之前，按劳分配体现了劳动者的平等权利，使劳动者摆脱剥削，实现按劳动计算报酬的平等权利。只有随着生产力的发展，共产主义社会由初级进入到高级阶段，“按劳分配”才能逐步为“按需分配”所替代。在初级阶段内，劳动还是一种谋生的手段，尚未成为人们生活的第一需要。

到共产主义的高级阶段，人类才得以真正的解放。那时，工业和农业之间、城市和乡村之间、脑力劳动和体力劳动三大差别将被消灭，劳动不再是谋生的手段，而成为人们的第一需要，社会财富将极大丰富，这时所采取的分配原则是“按需分配”。用马克思自己的话来说就是：“在共产主义的高级阶段上，在迫使人们奴隶般地服从分工的情形已经消失，从而脑力劳动和体力劳动的对立也随着消失之后；在劳动已经不仅仅是谋生的手段，而且本身成为生活的第一需要之后；在随着个人的全面发展生产力也增长起来，而集体财富的一切源泉都充分涌流之后，只有在那个时候，才能完全超出资产阶级法权的狭隘界限，社会才能在自己的旗帜上写：各尽所能，按需分配。”①

---

①《马克思恩格斯选集》第3卷，人民出版社1995年版，第305~306页。

第三章　马克思主义对真理的追求

马克思主义科学理论的创立为无产阶级的革命斗争提供了强大的理论武器，为各国寻求解放提供了方向性的指导。随着社会历史的不断进步发展，各国无产阶级在具体的实践中对其进行了深入的学习和发展，不断追求马克思主义的真理。

第一节　科学社会主义在俄国的实践和发展

一、帝国主义时期的马克思主义

19世纪末20世纪初，世界资本主义进入帝国主义阶段，无产阶级革命成为时代的主题。政治经济发展不平衡是资本主义的绝对规律，进入帝国主义时代后，这种不平衡更加严重。帝国主义时代，资本主义发展的不平衡性及其矛盾的尖锐化，不可避免地要引起资本主义内部矛盾的极端尖锐化，引起帝国主义国家的激烈倾轧、斗争，以至于空前的大战。

列宁，原名弗拉基米尔·伊里奇·乌里扬诺夫，列宁是他的笔名。列宁是无产阶级革命家、政治家、思想家、理论家，布尔什维克党创立者、苏联缔造者，任苏联人民委员会主席。他继承和发展了马克思主义，形成了列宁主义理论。被全世界共产主义者广泛认同为“全世界无产阶级和劳动人民的伟大革命导师和领袖”，也被世人认为是20世纪最伟大的人物之一。列宁的理论是帝国主义和无产阶级革命时代的马克思主义。第一次世界大战爆发后，列宁提出了“变帝国主义战争为国内战争”的口号，阐明了社会主义可能在一国或数国首先胜利的理论。1917年3月，沙皇政府被推翻。听到沙皇垮台的消息以后，列宁立即返回俄国，积极准备发动武装起义。在列宁的领导下，俄国人民终于取得了十月社会主义革命的胜利。革命胜利后，列宁当选为人民委员会主席。他领导人民粉碎了帝国主义的三次武装进攻和国内的叛乱，使苏俄的经济建设逐步走上了正轨。1918年列宁遭到暗杀，虽然保住了性命，但列宁的身体从此开始恶化。1924年1月21日，列宁不幸与世长辞，终年

54岁。他是第一个社会主义统一国家的缔造者，是共产党作为执政党的创始者，是第一个社会主义国家情报机关的组织创立者，第一个真正全球意义的共产主义国际组织的创建者。列宁将马克思主义关于无产阶级革命理论创造性地运用，解决了俄国问题，把马克思主义普遍真理进行了丰富和发展，形成了帝国主义理论、社会主义革命理论、社会主义建设理论等，他领导了十月革命的胜利以及俄国社会主义建设。

1915年列宁开始全面研究帝国主义的问题，用了大约半年的时间阅读和整理了有关帝国主义问题的大量材料。其中1916年7月《帝国主义是资本主义的最高阶段》这部著作全面系统地阐述了帝国主义的问题。他明确指出，帝国主义是资本主义发展中的一个特殊的阶段，争夺势力范围成为现代战争的根源。帝国主义是作为一般资本主义基本特性的发展和直接继续而成长起来的。但是，资本主义只有发展到很高的阶段，才变成帝国主义。这时候，资本主义的自由竞争已经变成垄断，大生产排挤了小生产，又兴起了最大的生产来代替一般大生产，使生产和资本的集中达到了很高的程度，并且还产生了卡特尔、辛迪加和托拉斯等垄断组织，以及同这些垄断组织融合起来的十来个支配着亿万资金的银行资本。同时，从自由竞争中生长起来的垄断并没有消灭竞争，反而产生了许多特别尖锐特别剧烈的矛盾、摩擦和冲突。如果要给帝国主义下一个尽量简短的定义，那就应当说，帝国主义是资本主义的垄断阶段。这样的定义包括了两方面的内容：一方面，财政资本是与工业资本垄断同盟的资本融合起来的少数垄断性的最大银行的银行资本；另一方面，世界的分割，就是由一些资本主义强国占据的殖民地统治过渡到垄断地占有已经瓜分完了的世界领土的殖民帝国。帝国主义有如下五个主要特征：其一，生产和资本的集中已经发展到很高的程度，以致形成了在经济生活中起决定作用的垄断组织。其二，银行资本和工业资本已融而为一，在这个金融资本的基础上形成了金融寡头。其三，与商品输出不同的资本输出已具有特别重要的意义。其四，分割世界的资本家国际垄断同盟已经形成。其五，最大资本主义列强已把世界上的领土瓜分完毕。帝国主义是发展到这样一个阶段的资本主义，在这个阶段上，垄断组织和金融资本的统治业已确立，资本输出具有特别重大的意义，国际托拉斯已开始分割世界，最大的资本主义国家已经把全球领土瓜分完毕。[①]

帝国主义时代垄断的统治使资本主义的基本矛盾——生产社会化和生产资料私人占有之间的矛盾进一步加深了。基本矛盾的加剧使资本主义其他矛盾，如帝国主义国家内部的矛盾、帝国主义国家之间的矛盾、帝国主义同殖民地附属国人民之间的矛盾更加尖锐化。

第一，帝国主义国家国内矛盾的尖锐化。在帝国主义国家中，金融资本统治着这些国家。金融资本的统治最终形成金融寡头的统治。这使得垄断资本主义的寄生性日益显露出来，使资本主义托拉斯和辛迪加对广大人民的剥削和压迫更加厉害，使工人阶级更加奋起反对资本主义制度，使群众更加趋向于无产阶级革命，并把这种革命看作唯一能解放自己的出路。因此，资本主义国家内部的革命斗争日益尖锐，内部无产阶级革命战争爆发的因素日益增长。

第二，在帝国主义时代，各个资本主义强国间的冲突更加尖锐。世界领土的瓜分与殖民地争夺的过程既已完毕，新起的帝国主义强国就必然要求重新分割领土和势力范围等，这自然

---

① 参见《列宁选集》第2卷，人民出版社1995年版，第651页。

要侵犯老帝国主义国家的利益。一方面，老的帝国主义国家独占了它所统治的势力范围内的和殖民地的利益，另一方面由于资本主义发展不平衡而兴起的新的帝国主义国家，要求占有更多的地方，于是在新老帝国主义国家之间，就发生了殊死的斗争，这样便使帝国主义国家之间的矛盾严重地紧张起来，因而削弱了帝国主义的力量。

第三，帝国主义国家对于殖民地及落后国家加紧了剥削和压迫，其势力范围和殖民地遍及全世界。少数“先进国”的金融资本加紧剥削与压迫全世界。

广大的人民群众，一方面使单个民族经济变成整个世界经济锁链中的一环，另一方面使全世界划分为两个敌对的营垒，一边是剥削压迫广大殖民地、落后国家的少数资本主义“先进国”，一边是奋起反对帝国主义压迫而力求解放的广大殖民地人民与落后国家。所以殖民地国家的革命斗争日益加剧，殖民地反帝国主义的武装斗争的力量日益增长。

列宁由此得出结论：在帝国主义时代，资本主义国家之间的战争，殖民地、被压迫国家的人民反对帝国主义统治的起义，以及资本主义本国内的无产阶级革命，是一定要爆发的。

欧洲无产阶级革命将和东方殖民地革命联合成为整个的世界革命战线，一起来反对世界帝国主义，这是不可避免的。帝国主义是无产阶级革命的前夜。

1914年德国和英国为了争夺世界霸权。各自与其他帝国主义国家相互勾结，形成了以德国为首的德、意、奥三国同盟和以英国为首的英、法、俄三国协约两个对立的军事集团。俄国此时则是帝国主义链条上最为薄弱的一环。19世纪末，俄国进入帝国主义阶段，但是俄国是军事封建帝国主义，因此，它成为了一切矛盾的集合点。

十月革命之前的俄国仍然保留着农奴制的残余，仍有77%的人口从事农业，农业占国民经济总产值的2/3，是一个大地主土地占有制的国家。地主用“公役制”、“对分制”等形式奴役农民，有时农民遇上歉收，便死于饥饿与瘟疫。农奴与地主之间的矛盾十分尖锐。俄国的工人大多是农奴出身，虽然他们进入工厂，但是工厂主仍把他们视为农奴。他们处境极端恶劣，19世纪80年代，大多数工厂的工作时间是12小时以上。其中俄国是欧洲各国中工作时间最长而工资最低的国家之一。工人的工作环境恶劣，生活和人身权利得不到保障，种种剥削和压迫使工人不堪忍受，无产阶级和资产阶级的矛盾日益尖锐，不断出现反抗资本家的运动。

从19世纪60年代至20世纪初，沙皇俄国不断向中亚和巴尔干地区扩张，使130多个民族和部族成为它奴役的对象。非俄罗斯民族的人民长期处于无权地位，他们在经济上受剥削，在政治上受压迫，不容许使用本民族的语言和文字。一方面，沙皇专制统治用武力镇压少数民族的反抗；另一方面，强制推行俄罗斯化的政治和文化，把俄国变成各民族的监狱。因此，各少数民族同俄罗斯民族统治之间的矛盾非常尖锐。

20世纪初，由于俄国是帝国主义链条上最薄弱的一环，且经济落后，便逐渐成为西方帝国主义掠夺的对象。大量的外资流入俄国采矿、冶金、机器制造等重要的国民经济部门。外资利用俄国丰富的天然资源和广大的廉价劳动力来获取利润。另外，俄国在同日本、德国等帝国主义国家争夺殖民地的过程中也不可避免地产生了利益矛盾。

当时俄国国内国际矛盾冲突激烈，已经具备了革命的前提条件，同时，进行革命的实际力量也在不断壮大。1865年大工厂及铁路工人为70多万人，1890年增至143万人。据列宁估计，到19世纪末，俄国的产业工人大约有1000万人。由于俄国的无产阶级深受资本主义和沙皇专制制度的双重压迫，因此他们比其他帝国主义国家的无产阶级具有更强的革命性。

关于无产阶级的发生、社会主义的建立，马克思、恩格斯根据当时的历史条件，即自由竞争的资本主义时代条件出发，认为无产阶级革命至少将在几个主要的资本主义国家内同时发生才能取得胜利。这一点马克思、恩格斯在《德意志意识形态》中有明确的表述："交往的任何扩大都会消灭地域性的共产主义。共产主义只有作为占统治地位的各民族'一下子'同时发生的行动，在经验上才是可能的，而这是以生产力的普遍发展和与此相联系的世界交往为前提的。"当然，马克思、恩格斯所讲到的无产阶级革命"同时发生论"并不是某一天某一时刻同时发生革命，而是在某一历史阶段或时期，主要资本主义国家相继爆发无产阶级革命，从而形成革命的高潮。

19世纪末20世纪初，自由资本主义发展到垄断资本主义阶段，资本主义世界政治经济出现了新情况，列宁没有拘泥于原有的理论结论，而是运用马克思主义理论，具体分析了帝国主义时期的矛盾，提出了关于社会主义国家一国首先胜利的新结论。1915年列宁在《论欧洲联邦口号》中提出："经济和政治发展的不平衡是资本主义的绝对规律。由此就应得出结论：社会主义可能首先在少数或者甚至在单独一个资本主义国家内获得胜利。"1916年，列宁在《无产阶级革命的军事纲领》中说："资本主义的发展在各个国家是极不平衡的。而且在商品生产的条件下也只能是这样。由此可以得出一个确定不移的结论：社会主义不能在所有国家内同时获得胜利。它将首先在一个或者几个国家中获得胜利，而其余的国家在一段时期内将仍然是资产阶级的或者资产阶级以前时期的国家。"列宁所提出的"一国或数国首先胜利论"是指帝国主义时代的无产阶级社会主义革命将由一国或数国首先开始，然后波浪式地发展为世界性的革命，最终在世界范围内取得胜利。这样，列宁就在新的历史条件下，发展了马克思主义的无产阶级革命理论，激发了无产阶级的革命主动性和首创精神，为社会主义革命的胜利指明了前景。

列宁在对国际状况和俄国国内革命形势进行科学分析的基础上，在提出"一国或数国首先胜利论"的理论基础上，进一步得出了社会主义可能在经济文化相对落后的俄国首先取得胜利。

当时俄国国内的机会主义者和小资产阶级民主派如考茨基、苏汉诺夫等人坚持认为俄国不具备社会主义革命的条件。社会主义是比资本主义发展程度更高的社会，因此，社会主义社会应该有比资本主义更高的生产力，而当时的俄国是帝国主义链条上最薄弱的一环，是帝国主义中经济发展相对落后的国家。所以，俄国还没有成长到实现社会主义的地步，俄国的生产力还没有发展到实现社会主义的水平。他们坚决反对无产阶级的革命路线。

而在列宁看来，第一次世界大战之后，俄国人民深受沙皇、资产阶级、地主、外国帝国主义的残酷剥削和压迫，已经到了没法忍受的地步。又加之国内工人阶级与广大人民建立了密切的联盟，革命的各方面条件都日趋成熟，有了实现马克思、恩格斯所说的“农民战争支持无产阶级革命”的前途。他认为俄国虽然生产力是落后的，但为什么不可以倒过来，先武装夺取政权，之后再发展生产力呢？俄国可以根据国情，采用不同于西欧国家的办法来创造发展文明的根本条件，在工农政权的领导下发展社会生产力。用革命的手段先为生产力的发展和文化的进步创造前提条件，如驱逐地主、驱逐资本家等，之后再一心一意搞建设，建设社会主义。

列宁这一思想的产生是马克思主义辩证法在实际运用中的典范。列宁认为，社会的历史发展规律是客观的，不可改变的，社会主义必然要代替资本主义，这是历史发展的必然结果，是普遍的真理。但是由于各个国家所处的时代及国内具体情况不同，必然会采取不同的形式，革命的顺序也不会是千篇一律的。所以，根据马克思主义辩证法的原理，世界历史发展的一般规律，不仅不排斥个别发展阶段在发展形式或顺序上的特殊性，而且会以此为前提。列宁根据这一点进一步指出，在东方那些人口大国，社会情况极其复杂，社会主义革命将具有更多的特色。列宁的这一理论对后来的社会主义者具有深远的意义。

列宁在追求马克思主义真理的过程中，不断地丰富发展其内容，并进一步将理论付诸实践，在革命形势成熟的条件下，领导了俄国十月革命。1917年11月6日列宁秘密来到起义总指挥部——斯莫尔尼宫，亲自领导武装起义。从11月6日夜间到11月7日上午，20多万革命士兵和起义工人迅速占领了彼得格勒的各个战略要地。11月7日凌晨1时起义部队占领了邮政总局，2时攻占了波罗的海火车站和尼古拉耶夫斯基火车站，接着关闭了政府大楼的照明电路，切断了临时政府和司令部的大部分电话。6时左右，赤卫队员、士兵和水兵已经占领了皇宫大桥。除了宫廷广场和伊萨基耶夫斯卡广场地区，其他地区几乎都掌握在起义者的手里。资产阶级临时政府总理克伦斯基坐上美国大使馆的汽车仓皇逃跑。10时，革命军事委员会散发了列宁起草的《告俄国公民书》，宣布临时政府已被推翻，政权已转归苏维埃。但临时政府仍负隅顽抗，2000多名军官和士官生继续盘踞着冬宫。下午5时至6时，2万多名革命士兵和赤卫队员、9辆军车包围了冬宫。革命军事委员会向临时政府发出最后通牒，命令它于晚6时20分缴械投降。晚8时过后，革命军事委员会向临时政府下达了无条件投降的最后通牒书，但遭到拒绝。晚上9点45分，停泊在涅瓦河上的阿芙乐尔号巡洋舰开炮，发出了总攻的信号。赤卫队员和革命士兵在雷鸣般的“乌拉”声中越过了街垒，迅猛冲向冬宫，在冬宫的楼梯间里和楼梯上，革命士兵和工人赤卫队员同士官生展开了激烈的白刃战，到11月8日凌晨1时50分，临时政府的成员（除克伦斯基逃跑外）全部被擒，冬宫终于被攻克。彼得格勒武装起义取得胜利，资产阶级临时政府被推翻。当夜，列宁即主持召开了全俄工兵苏维埃第二次代表大会，大会首先通过了列宁起草的《告工人、士兵和农民书》，宣告各地全部政权一律归转工人、农民、士兵代表苏维埃。11月8日，大会通过了列宁起草的《和平法令》和《土地法令》。《和平法令》揭露了帝国主义掠夺性战争，反映了广大劳动人民迫切希望和平的愿望，建议一切交战国立即进行谈判，缔结不割地不赔款的和约。《土地法令》规定立即废除地主土地所有制，全部土地收归国有，交给劳动农民使用。最后，代表大会选举成立了世界上第一个工农兵苏维埃政府——人民委员会，无产阶级伟大导师列宁当选为人民委员会主席。人民委员会下设各部，执行无产阶级国家的各种职能。震撼世界的十月社会主义革命取得伟大的胜利，世界上第一个无产阶级专政国家成立。

十月革命使一个原先经济文化比较落后的国家，不经过资本主义充分发展阶段，率先走上社会主义道路，建立了世界上第一个社会主义国家。这是马克思列宁主义关于帝国主义时代无产阶级革命、武装夺取政权、建立无产阶级专政学说的一次伟大实践。

十月革命使俄国彻底摆脱了封建农奴制残余的束缚，结束了剥削阶级的统治，解决了俄国社会发展最尖锐、最突出的矛盾。十月革命使俄国走上了社会主义发展道路，苏维埃政权的建立使社会主义从理论变为现实，人们不再是从书本上论证或设计社会主义社会，而可以从实践中去创造新生活，建设新社会。

十月革命在资本主义世界的体系中开了第一个缺口，开拓了社会主义基地，形成了资本主义、社会主义两种制度并存的新世界格局，开辟了人类历史的新纪元，使社会主义实现了从理论到实践的飞跃。

十月革命鼓舞了各民族的人民解放运动，给世界被奴役的民族树立了榜样，指明了斗争的方向，鼓舞并推动了殖民地、半殖民地人民的解放斗争，动摇了帝国主义的殖民统治。

十月革命是马克思列宁主义的胜利，是以列宁为首的布尔什维克党人将马克思主义同俄国具体实际相结合、创造性地运用马克思主义，并同各种机会主义做斗争的结果。它使马克思、恩格斯创立的科学社会主义理论变成了现实，验证并丰富了马克思主义。十月革命的胜利极大地推动了马克思主义在世界的传播，促进了马克思主义同各国工人运动的结合。

十月革命胜利后，建立了无产阶级革命政权，为了巩固政权，建设社会主义，列宁、斯大林开始了探索社会主义建设的道路。列宁领导的苏维埃俄国在对社会主义道路探索的过程中，经历了三个阶段：巩固苏维埃政权时期、外国武装干涉和国内战争时期，即战时共产主义时期、由战时共产主义转变为新经济政策时期。

十月革命胜利后，为了获得和平的国际环境，进行社会主义的巩固和建设，1918年3月，经过多次谈判和争论，俄国与德国签订了《不列斯特和约》。这是当时苏维埃政权为了摆脱帝国主义的战争，集中力量巩固胜利成果的妥协。虽然俄国受到了割地赔款的巨大损失，但却获得了和平喘息的时机，为巩固革命政权、整顿国民经济、发展红军队伍创造了有利的条件。1918年6月，苏维埃俄国在经济方面采取了社会主义改造的措施。苏维埃政府颁布大工业全部实行国有化的法令，私营铁路和商船也先后实行了国有化。截至1918年9月，国有化企业的数目已达3000多个，大工业几乎全部实行了国有化。后来在国内战争期间，中小企业也实行了国有化。十月革命胜利后的第二天，苏维埃政府开始接管国家银行，并对私人银行实行工人监督。12月27日，苏维埃全俄中央执行委员会颁布法令，宣布所有银行为国家财产，私人银行一律并入国家银行。1918年2月11日，苏维埃政府又宣布：废除沙皇政府和资产阶级临时政府所欠的一切外债，没收外国资本，取缔外国银行。由于工业企业和银行收归国有，无产阶级掌握了国家经济命脉，国家经济生活中的社会主义成分开始形成，社会主义经济基础开始建立。

苏维埃政权的建立，使西方资本丧失了在俄国投资的工矿企业、巨额贷款、庞大的原料基地和商品市场。因此，西方帝国主义必然要对俄国革命加以干涉。从1918年下半年，帝国主义发动了对苏维埃政权的武装干涉。同时俄国国内爆发了内战，反革命势力也猖獗起来，成立自卫政府，举行武装叛乱。面对帝国主义武装干涉和国内反革命叛乱，从1918年夏至1921年春，俄国实行了以取消商品货币关系为主要特征的战时共产主义政策。如国内贸易国有化，一切食品、个人消费品和家用物品均由国家和合作社组织供应，取代私商；在全国各地实行了谷物和饲料的余粮收集制。征收数额由粮食部根据收成情况规定，原则是富农多征，中农少征，贫农不征。不按期完成的，其储粮一经发现，当即没收；产品配给制，一切非农业人口都必须加入消费合作社，由合作社分配站按照工种定量配售食品及日用品；凡是有劳动能力的人必须参加劳动，并强迫剥削阶级分子参加体力劳动。强制贯彻“不劳动者不得食”的原则；之所以要实行这一临时性的政策是因为当时内忧外患，苏俄的粮食、煤炭、石油和钢铁等主要资源陷入敌手，苏维埃国家的处境十分困难。为了把仅有的人力物力集中起来用于战胜敌人，拯救国家，拯救军队，拯救工农政权，当时必须这样做。

战时共产主义政策是在残酷的战争环境和物资极度缺乏的特殊条件下被迫采取的带有军事性的非常措施。在当时所处的战争条件下，这种政策基本上是正确的，它使苏维埃俄国最大限度地集中了全国的物力和财力，从而保障了军事上的胜利，为粉碎协约国的武装进攻，捍卫十月革命的胜利成果，保卫新生的苏维埃政权创造了必要的物质前提。但是，直接用国家命令的办法，按共产主义原则调整国家的产品和分配的做法脱离了实际。

1920年底，苏维埃俄国击退了外国武装干涉者，取得了国内战争的胜利。苏维埃俄国面临着恢复国民经济的繁重任务。这时，国民经济已濒临崩溃，国内发生严重的经济和政治危机。在战争条件下，出于战争的需要，农民对余粮收集制等战时共产主义政策还可以忍受。战争结束之后，人民再也无法忍受战时共产主义政策。从1921年春开始，出现了大规模的农民暴动和军队士兵叛乱。列宁深刻地认识到不改变政策，将会失去广大群众，丢掉阶级基础。1921年3月列宁召开俄共第十次代表大会，战时共产主义政策开始转向以发展商品经济为主要特征的新经济政策。

新经济政策的主要内容包括：

在农业方面，用粮食税代替余粮收集制。农民缴纳的粮食税，在中等年景为24000万普特，比余粮收集额低大约50%，目的旨在减轻农民负担。对贫穷户和困难户，粮食税少征或免征。每年的粮食税额在春耕前公布，秋后增产不增税。粮食税只是农民余粮的一部分，农民纳税后的剩余农产品可以拿到市场上交换。粮食税实行后，农民得以休养生息，工农关系因此得到极大的改善。农民的情绪稳定了，遍及全国的农民暴动逐渐平息。

在流通领域，恢复贸易自由，发展商品货币关系。实行粮食税，允许农民在纳完粮食税后用剩余的粮食去换取工业品和其他生活用品，这就必然会走向商品交换与贸易自由。充分利用商品、货币、市场发展经济。

在所有制关系上，允许多种经济成分存在。改变国内战争期间对企业普遍实行国有化的做法，将部分国有化了的中小企业归还原来的企业主，由私人经营，鼓励手工业和小商品生产者发展私营经济。

利用资本主义，建设社会主义。国家资本主义在无产阶级专政条件下，是一种受无产阶级国家监督和调节的资本主义。通过租让制、租借制、合作社和代购代销等形式把小生产组织起来，发展成为社会化大生产。

从以上可以看出，新经济政策的实施肯定了商品和市场在社会主义建设中的地位和作用，开始重视商品交换，发展商品经济。列宁的这一发现是对社会主义认识的深化和突破；同时，也认识到社会主义国家要吸收借鉴资本主义的一切文明成果为社会主义服务，从而更好地解决了在经济文化落后的国家如何对待资本主义社会的问题。总之，新经济政策的实施，扭转了国家的严重危机，活跃了苏维埃的城乡经济，发展了生产，大大加强了苏维埃的社会主义经济基础，也改善了工人、农民和其他劳动者的物质文化生活。

列宁晚年在总结“战时共产主义”和新经济政策正反两方面的经验教训的基础上，提出了建设社会主义的新构想。主要包括：用合作社的形式将农民引向社会主义道路；发展大工业，实现工业化和电气化；学习和利用资本主义一切有价值的东西；进行文化革命，大力发展文化教育事业；进行党和国家机构的改革，努力提高干部的素质和能力；必须反对官僚主义，健全社会主义民主法制；维护党的团结，特别是党中央领导核心的团结等。

列宁在面对新情况新问题时，能够正视国情，不拘泥于已有的结论，从实际出发，尊重群众的实践，勇于探索，大胆创新，把马克思主义基本原理同俄国的具体实际相结合，探索出一条适合俄国国情的社会主义道路。这是列宁对马克思主义的重大贡献，也是他留给后人的思想遗产。

二、苏联模式的形成及苏联解体

列宁逝世之后，联共的领导集团内部在理论、政治、组织上存在严重的分歧，并展开激烈的斗争。最后，以斯大林为首的中央多数派逐渐取得优势地位，斯大林的社会主义建设方案成了苏联社会主义发展道路的唯一选择。

斯大林，原名约瑟夫·维萨里奥诺维奇·朱加施维里。“斯大林”是他后来为了躲避沙皇宪兵的追捕所用的一个化名，俄文原意为“钢铁”，后来这个化名成了他的常用名。1879年12月21日，斯大林生于格鲁吉亚的哥里城，他的父亲是农民出身的皮鞋匠。1894年，斯大林进入梯弗里斯东正教中学读书，其间开始研读马克思的作品，并参加革命活动。1898年，斯大林加入俄国社会民主工党的梯弗里斯组织。1900年他开始参加地下政治活动，在高加索一些工业中心组织罢工、示威。1903年俄国社会民主工党分化为孟什维克和布尔什维克两派，他站在布尔什维克这一边。

1904年12月，斯大林领导巴库工人大罢工，后因参加革命活动而被捕7次，多次被流放和监禁。1912年2月斯大林被选入布尔什维克党中央委员会，主编党的机关报《真理报》。他协助列宁组织和领导了十月社会主义革命。十月革命胜利后参加了以列宁为首的第一届人民委员会。1918年至1920年在苏联国内战争时期，斯大林担任民族事务人民委员和国家监察部人民委员。1922年至1952年10月斯大林连续当选为党中央总书记。在1922年12月第一次全苏苏维埃代表大会上，斯大林作了关于成立苏维埃社会主义共和国联盟的报告。他提出了“在一个国家首先建立社会主义”的主张。1928年，他放弃了列宁的新经济政策，全力进行工业化建设，通过几个五年计划使苏联这个落后的国家迅速改变了面貌。1934年底开始，大权在握的斯大林发动了一系列的清洗运动，处决了许多曾支持他掌权的老党员。1936年12月5日在第八次苏维埃非常代表大会上，斯大林批准了在他领导下起草的第一部苏联宪法。在第二次世界大战苏联卫国战争期间，斯大林成为同盟国最成功的统帅，1941年冬季德军兵临莫斯科城下期间，斯大林始终留在首都组织大反功。在他的卓越指挥下，苏军先后赢得了斯大林格勒保卫战和库尔斯克战役的胜利，使当时的德军形势急转直下，他领导苏联人民最终战胜了纳粹德国。1952年10月联共十九大将中央政治局改组为苏共中央主席团时，他当选为中央主席团委员和中央书记处书记。1953年3月5日，斯大林因脑溢血病逝。

斯大林对什么是社会主义、如何建设社会主义等理论做了回答，形成了独特的社会主义理论。这一理论被贯彻到苏联的政治、经济和文化中，并加以巩固，形成了苏联模式。下面我们就具体看一下，在追求、探索社会主义这一真理的过程中，斯大林所带来的经验和启示。

斯大林关于社会主义建设的思想主要包括：他继承并发展了列宁关于社会主义能够首先在一国取得胜利和一国可以建成社会主义的理论，他片面地认为，社会主义的本质特征就是消灭剥削、实现公有制；国家所有制的建立是社会主义公有制的最高形式；20世纪中叶资本主义的总特征是“资本主义总危机”。按照这种认识，斯大林认为，社会主义应该抓住世界范围内的帝国主义战争不可避免这一有利时机，争夺世界社会主义革命的胜利，苏联要同中国和欧洲各人民民主国家一起形成统一的强大的社会主义阵营，与资本主义阵营相对立；1933年斯大林提出阶级斗争尖锐化理论，认为阶级斗争会随着社会主义建设的发展而尖锐，所以只有最大限度地加强阶级斗争，才能达到消灭阶级的目的，从而更好地治党治国；斯大林认为暴力是向无产阶级过渡的主要途径和手段，因此他主张用暴力消灭现存的敌人和残余，消灭“潜在”的对手和敌人；斯大林认为，社会主义工业化和资本主义工业化是根本不同的，资本主义工业化通常从轻工业开始，社会主义的工业化则必须从发展重工业开始，优先发展重工业是社会主义工业化的规律；斯大林认为，共产党是无产阶级专政的工具，党指挥一切、包办一切。

斯大林按照他对社会主义的认识进行社会实践，最终形成了苏联社会主义模式，即斯大林模式。这一模式主要表现为：在经济上，实行单一的公有制，建立高度集权的国家统制经济体制，实行指令性的计划经济，以国家发布的行政手段管理经济生活；在政治上，实行高度集中的一党制和国家体制，国家安全部门具有凌驾于党政权力机关之上的特殊权力；在文化上、思想上高度垄断，使学术问题政治化，依靠行政手段对思想问题和学术问题进行干预和管理。苏联模式在一定时期内促进了社会主义工业化和农业集体化进程，但其本身也存在种种的弊端和矛盾。如计划与市场的矛盾、优先发展重工业和国民经济各部门平衡协调发展的矛盾、社会主义民主和高度集权的矛盾等。

社会主义实践中形成的集权专制的斯大林模式归根到底还是对社会主义认识的失误。1936年斯大林宣布苏联进入社会主义社会。但是他混淆了共产主义社会的两个阶段，即共产主义的低级阶段社会主义阶段和共产主义的高级阶段；他对社会主义社会的矛盾和阶级斗争问题有重大失误，提出阶级斗争尖锐化理论，过多地强调国家阶级的职能，忽视国家的社会职能，强调国家的暴力职能，忽视国家的民主职能等。

总的来说，斯大林是对人类历史的发展产生过重大影响的历史人物。他在列宁病重和逝世之后，担任苏联党和国家的领导人达31年之久，他领导苏联人民经过艰苦卓绝的斗争，在帝国主义封锁和包围的严酷环境中实现了人类历史上第一个社会主义制度，继列宁之后成为社会主义国家的又一位奠基人。他对社会主义的探索，无论是成功的经验，还是失败的教训，都是我们进一步认识社会主义的宝贵材料。

苏联在之后的社会主义建设的进程中，社会经济的发展程度比同期西方发达国家整整落后一个时代，又加之苏联模式拒绝改革、固步自封，使苏联逐渐走向了僵化。并且苏联模式不顾时代和其他后起社会主义国家的国情，推行“霸权主义”，强行对其他社会主义国家进行干涉和控制，最终阻碍了社会主义的发展，使苏联社会主义走向解体。

回顾苏联74年兴衰史，我们可以知道，建设社会主义要坚持从实际出发，把理论指导实践与实践丰富理论相结合。列宁和斯大林前期，继承和发展了马克思主义，苏联社会就发展；赫鲁晓夫、勃列日涅夫时期，教条式地对待马克思主义，苏联社会就停滞；戈尔巴乔夫背离马克思主义，从而葬送了苏联社会主义。因此，在追求马克思主义真理的同时，既要坚持老祖宗的不能丢，同时又要灵活运用，实事求是。

第二节　马克思主义普遍真理同中国实际相结合

近代中国由于受到外国资本主义列强的肆意侵略和蹂躏，加上本国封建势力的残酷压迫和剥削，国家极度贫弱，中华民族濒临亡国灭种的危险。为了挽救国家的危亡，争取民族的独立富强，一代代的中国人进行了前仆后继、不屈不挠的英勇斗争。但无论是向资本主义学习的维新运动和戊戌变法，还是奋起自救的太平天国运动和义和团运动，乃至辛亥革命，最终都失败了。直到先进的中国人找到了马克思主义，成立了把马克思主义与中国革命的实际相结合的中国共产党，国家的命运才得到拯救，中华民族的发展才翻开崭新的一页。

马克思主义是在俄国十月革命时传入中国的，五四运动的爆发进一步促进了它在中国的传播。俄国十月革命的胜利使得社会主义第一次从理论学说变为活生生的现实。一直在探索救国图存的仁人志士，在经历了多次的失败，发现资本主义道路走不通后，开始把目光转到社会主义这条道路上。同时由于社会主义革命发生在与中国情况较为相似的经济文化落后的俄国，并且喊出了反对帝国主义的口号，使得饱受帝国主义欺凌的中国人更倾向于社会主义，推动他们去了解指导俄国十月革命的马克思主义学说。因此，这一时期开始出现一批具有共产主义思想的知识分子。

随着五四运动的爆发，马克思主义得以在中国广泛传播。第一次世界大战结束后，1919年1月，英、法、美、日、意等帝国主义国家在法国巴黎召开了所谓的“和平会议”。中国政府代表要求归还大战期间被日本抢去的德国在山东侵占的各种权利，却遭到无理拒绝。“巴黎和会”在对德和约上规定把原来德国在中国山东的一切权利转给日本，这激起了中国人民的强烈愤怒。使得广大先进分子看清了帝国主义列强联合压迫中国人民的实质，打破了对资本主义的幻想，触醒了民主主义的噩梦。因此，五四运动之后，马克思主义逐渐成为思想界的主流。

李大钊是马克思主义早期的传播者，在中国大地上举起了马克思主义的大旗。李大钊，字守常，河北乐亭人，1913年8月于天津北洋法政专门学校毕业，后就读于东京早稻田大学，开始接触社会主义思想。1920年，李大钊和陈独秀酝酿组建中国共产党，发起组织马克思学说研究会。他是中国共产党的主要创立人之一。他是学识渊博、勇于开拓的著名学者，在中国共产主义运动和民族解放事业中，占有崇高的历史地位，1927年被捕后遭张作霖处决。李大钊对于马克思主义的传播起了极其重要的作用。1918年发表的《庶民的胜利》《布尔什维主义的胜利》两文中指出，十月革命是20世纪世界革命的先声，相信将来的环球必将是赤旗的世界。1919年5月，李大钊在《新青年》上发表了《我的马克思主义观》，明确地把马克思主义的学说称为“世界改造原动的学说”，并对马克思主义的唯物史观、剩余价值学说和阶级斗争理论作了比较全面、系统的介绍。1919年8月，李大钊在《再论问题与主义》中指出，社会主义是时代的旗帜，并初步表述了马克思主义的一般原理必须与本国实际相结合，并在这个结合的过程中得到发展的思想。

不过，马克思主义的传播最初还主要是在少数知识分子范围内。真正促进马克思主义的广泛传播和工人运动的结合是在中国共产党成立之后。

1921年7月23日，中国共产党第一次全国代表大会在上海法租界望志路106号举行。参加党的一大的12名代表来自7个地方，代表全国53名党员。由于会场受到暗探注意和外国巡捕搜查，最后一天的会议改在浙江嘉兴南湖的游艇上举行，大会确定党的名称为“中国共产党”。党的纲领是“以无产阶级革命军队推翻资产阶级”，“采用无产阶级专政，以达到阶级斗争的目的——消灭阶级”，“废除资本私有制”以及联合第三国际。这表明，中国共产党从建党一开始就旗帜鲜明地把社会主义和共产主义规定为自己的奋斗目标，并且坚持用革命的手段来实现这个目标。

中国共产党一成立，就积极投身到实际的革命活动中去，并在斗争中学习运用马克思主义的观点来观察和分析中国面临的实际问题。但是，中国共产党是在一个幅员广大、人口众多、情况复杂、经济文化落后的半殖民地半封建社会的旧中国进行活动的。如何把马克思列宁主义的普遍真理同中国革命的具体实践正确地结合起来，需要一个摸索的过程，一个在斗争中积累经验的过程。

一、毛泽东对马克思主义中国化的贡献

以毛泽东为代表的中国共产党人在革命实践中坚持对马克思主义真理的追求，并结合中国具体国情，推进马克思主义中国化、大众化。毛泽东是马克思主义中国化事业的开拓者，对马克思主义中国化做出了突出的贡献。

第一，率先提出马克思主义中国化。

“十月革命一声炮响，给我们送来了马克思主义。”从那时起，就在客观上提出了马克思主义中国化的问题。众所周知，中国共产党领导的革命发生于20世纪初的半殖民地半封建

的中国。其历史条件，既不同于马克思、恩格斯时代，也有别于列宁所处的时期。一方面，有了马克思主义理论作指导；另一方面，这一理论没有也不可能对中国这样的经济文化落后的东方大国的革命提供现成的公式。要使革命顺利发展并取得胜利，关键在于成功地实现马克思列宁主义普通真理与中国革命具体实践的结合，也就是把马克思主义中国化。就此而言，马克思主义中国化成为时代发展和实践发展的必然要求。然而，将这样一个客观要求及时、明确地提出来，变为人们的自觉意识和行为，却不是简单的事情，也不是每个人都能做到的。当时，在马克思主义要不要中国化以及怎样中国化等问题上，存在两种不同的主张：一种是教条主义的主张，照抄照搬马克思主义的词句，把共产国际的决议和苏联经验神圣化、教条化；另一种是实事求是的主张，坚持把马克思主义基本原理与中国革命实际相结合，使马克思主义具体化、中国化。

毛泽东正是在同王明“左”倾教条主义的斗争中，准确把握时代的脉搏，顺应形势的客观要求，明确地提出了马克思主义中国化的历史任务。1930年5月，毛泽东为了反对红军中的教条主义思想，写下了著名的《反对本本主义》。在这里，毛泽东尖锐地批判了单纯建立在“上级”观念上的形式主义态度和专门从书本上讨生活的本本主义，明确强调：“马克思主义的‘本本’是要学习的，但是必须同我国的实际情况相结合。我们需要‘本本’，但是一定要纠正脱离实际情况的本本主义。”他还指出“必须洗刷唯心精神”、“必须努力作实际调查，才能洗刷唯心精神”、“没有调查，没有发言权”、“中国革命斗争的胜利要靠中国同志了解中国情况”这样一些重要思想。特别是他反对本本主义的主张，为中国共产党人冲破教条主义的束缚，自主地探索中国革命的道路，提供了重要的理论根据，成为马克思主义中国化的奠基石。

1938年9月到11月，中国共产党召开了六届六中全会。毛泽东在会上针对王明右倾投降主义错误，作了《论新阶段》的政治报告和会议总结，第一次向全党提出“马克思主义中国化”的任务。毛泽东明确提出：“共产党员是国际主义的马克思主义者，但是马克思主义必须和我国的具体特点相结合并通过一定的民族形式才能实现。马克思列宁主义的伟大力量，就在于它是和各个国家具体的革命实践相联系的。对于中国共产党说来，就是要学会把马克思列宁主义的理论应用于中国的具体的环境。成为伟大中华民族的一部分而和这个民族血肉相连的共产党员，离开中国特点来谈马克思主义，只是抽象的空洞的马克思主义。因此，使马克思主义在中国具体化，使之在其每一表现中带着必须有的中国的特性，即是说，按照中国的特点去应用它，成为全党亟待了解并亟待解决的问题。”这里，毛泽东把马克思主义中国化作为关系党的领导地位和中国革命前途命运的重大问题提出来。《论新阶段》的政治报告，是毛泽东率先明确提出马克思主义中国化任务的基本标志。

“马克思主义中国化”的命题具有丰富的内涵。综观毛泽东的一系列论述，至少包括互相联系着的四个方面。其一，是马克思主义在中国的具体化，即使主要根据欧洲国家情况创立的马克思主义变为适合中国情况的马克思主义，形成指导中国革命和建设的正确的路线方针和政策。其二，是马克思主义在中国的实践化，即使马克思主义理论紧密结合、联系中国革命和建设实际成为有用的马克思主义，在实践中充分发挥作用的马克思主义。其三，是马克思主义在中国的民族化，即赋予马克思主义以中华民族的风格和特点，使马克思主义具有新鲜活泼的、为中国老百姓喜闻乐见的中国作风和中国气派。其四，是马克思主义在中国的新鲜化，即使马克思主义在与中国实际相结合的过程中，不断地得以丰富和发展，从而永葆其生机和活力。

毛泽东根据时代和实践的需要，明确提出马克思主义中国化的任务，并对马克思主义中国化的内涵作出全面深刻的说明，这一事实，表明他是马克思主义中国化的开拓者和奠基人，毛泽东的这一贡献极大地提高了人们把马克思主义中国化的自觉性、主动性，有力地推动了马克思主义中国化的历史进程。

第二，确立实事求是的思想路线。

马克思主义中国化必须坚持正确的思想路线。这就是实事求是的思想路线。毛泽东为了在中国共产党内确立、倡导实事求是的思想路线做出了巨大努力。

早在1929年，毛泽东在为红军第四军第九次代表大会写的决议中，专门对各种妨碍执行党的正确路线的错误思想进行了纠正。其中，明确地批评了主观主义。他认为，对于政治形势的主观主义的分析和对于工作的主观主义指导，其必然的结果“不是机会主义，就是盲动主义”。纠正主观主义的重要方法，一是用马克思列宁主义的方法去分析和解决问题；二是要注意社会经济的调查研究，由此来决定斗争的策略和方法。这样一些思想，已带有实事求是思想路线的萌芽。

到了1930年5月，毛泽东写下了《反对本本主义》一文，明确提出了两条根本对立的思想路线：一条是"唯上"、"唯书"的保守路线，一条是从斗争中创造新局面的思想路线。前者是本本主义、主观主义路线；后者是从实际出发、实事求是的思想路线。就这样，实事求是的思想路线基本形成。

1937年，毛泽东先后写下了《实践论》《矛盾论》两部哲学著作，进一步从哲学的高度论述了实事求是的思想路线。《实践论》从理论上论述了主观和客观之间的辩证关系，深刻地揭示了只有在正确解决知和行的关系的基础上，也即只有通过实践才能解决主观和客观之间的矛盾；从规律上论述了认识发展的"两个飞跃"的理论，在揭示认识经过"两个阶段"、"两个飞跃"的基础上，全面总结了认识运动的总规律。这些思想，有力地批判了主观主义思想路线，对于全党确立实事求是思想路线，消除主观主义思想路线的影响，起了积极的作用。《矛盾论》论述了辩证矛盾即对立统一的道理；提出了一个系统和过程相统一的具体矛盾理论；揭示了事物矛盾问题的精髓；建构了具体矛盾理论的科学体系。这一切进一步深化了马克思主义关于具体问题具体分析的思想，为人们把握马克思主义的灵魂，做到实事求是指明了方向。可以说，《实践论》和《矛盾论》为中国共产党人确立并坚持实事求是的思想路线奠定了坚实的理论基础。

1941年和1942年，在党的延安整风运动中，毛泽东发表了《改造我们的学习》《整顿党的作风》和《反对党八股》等著作。在这些著作中，毛泽东进一步地从思想问题上总结了过去中国共产党党内路线的分歧，分析了广泛存在于党内的非马克思列宁主义思想作风，进一步地阐述了实事求是的思想路线。在《改造我们的学习》一文中，毛泽东把主观主义和实事求是两种思想路线作了鲜明的对照，明确地阐述了实事求是的科学内涵。他指出："'实事'就是客观存在的一切事物，'是'就是客观事物的内部联系，即规律性，'求'就是我们去研究。我们要从国内外、省内外、县内外、区内外的实际情况出发，从其中引出其固有的而不是臆造的规律性，即找出周围事物的内部联系，作为我们行动的向导。"这是对实事求是的思想路线最明确、最深刻的说明和发挥。通过延安整风运动，实事求是的思想路线更加深入人心。

此后，毛泽东继续坚持、倡导实事求是的思想路线。即使在其晚年，在总结实践中失误的教训时，也把恢复实事求是的思想路线放在重要的位置上。如在1960年12月到1961年1月的中共八届九中全会上，毛泽东反复强调恢复实事求是的传统，号召全党大兴调查研究之风，要求1961年成为实事求是年、调查研究年。

毛泽东确立、倡导的实事求是思想具有极其重要的意义。可以说，中国共产党在马克思主义中国化进程中取得的每一个胜利，都与毛泽东确立、倡导的实事求是的思想路线有关；而在其中遇到的挫折，发生的失误，也都与违背、偏离实事求是思想路线有紧密的联系。

第三，带领全党推进马克思主义中国化事业。

毛泽东不仅是马克思主义中国化的倡导者，而且是马克思主义中国化的践行者。从实践上说，他带领全党从多方面向前推进了马克思主义中国化的伟大事业，在实践中不断开创新路子。

其一，把马克思主义基本原理同中国新民主主义革命实际相结合，开创了具有中国特色的新民主主义革命道路。在中国这样的半殖民地半封建的东方大国中，工人阶级人数很少，农民占人口的绝大多数，怎样在中国共产党的领导下，依靠工人阶级和牢固的工农联盟，团结全国各族人民，首先争取民族的解放和国家的独立，确定人民的主人翁地位，然后开辟向社会主义前进的道路，是无产阶级革命史上极其复杂的新课题。面对这一课题，毛泽东坚持马克思主义中国化方向，运用马克思列宁主义，深刻分析了中国社会形态和各阶级的经济地位及其政治态度，明确了中国革命的性质、对象、任务、动力，提出了通过新民主主义革命走向社会主义的两步走的战略，制定了无产阶级领导的人民大众的反对帝国主义、封建主义和官僚资本主义的新民主主义革命总路线，开辟了建立农村根据地、农村包围城市，武装夺取政权的革命道路。经过28年艰苦卓绝的斗争，终于推翻了压在中国人民头上的“三座大山”，建立了新中国，使中国人民站起来了。

其二，把马克思主义基本原理同中国社会主义革命实际相结合，开创了具有中国特色的社会主义改造道路。新中国成立后，毛泽东领导全党和全国人民，坚持马克思主义中国化方向，在迅速医治战争创伤、恢复国民经济的基础上继续推动中国历史向前发展，不失时机地提出了逐步实现国家的社会主义工业化，并逐步实现国家对农业、手工业和资本主义工商业的社会主义改造的过渡时期总路线。在这条总路线指引下，我国奠定了工业化的初步基础，开辟了一条适合中国国情的社会主义改造道路。根据中国特点，用国家资本主义的形式与和平赎买政策改造资本主义工商业，用逐步过渡的形式改造个体农业和个体手工业，在社会主义改造的过程中，使社会生产力继续得到发展，广大人民生活水平得到提高，这是中国共产党的独特创造。社会主义改造的基本完成，社会主义制度的全面建立，是我国历史上最深刻、最伟大的社会变革，成为新中国一切进步和发展的基础。

其三，把马克思主义基本原理与中国社会主义建设实际相结合，为走出一条中国特色社会主义建设道路进行了积极探索。社会主义改造基本完成以后，毛泽东领导全党和全国人民，继续坚持马克思主义中国化方向，以苏联的经验为借鉴，积极探索中国自己的建设社会主义的道路。尽管在探索中有曲折，甚至有严重失误，但我们在建立适合中国国情的社会主义基本制度的基础上，努力寻找适合中国国情的社会主义建设道路，开始全面进行大规模建设，建立起独立的比较完整的工业体系和国民经济体系。应当说，在新的历史时期，以邓小平为主要代表的中国共产党人开创中国特色社会主义道路，与毛泽东的积极探索是分不开的。有的学者提出中国特色社会主义“始于毛，成于邓”的观点是有充分的客观根据的。

在推进马克思主义中国化的事业中，与开创新道路的实践相适应，毛泽东在理论上丰富和发展了马克思主义，创立了马克思主义中国化的重要理论成果——毛泽东思想。

毛泽东思想是中国化了的马克思主义。虽然它是中国共产党集体智慧的结晶，但毛泽东的贡献最突出，这也正是以毛泽东的名字来命名这一科学思想体系的重要原因。在马克思主义中国化历史进程中，毛泽东根据马克思列宁主义的基本原理，对中国长期革命和建设实践中的一系列独创性经验进行理论概括，逐步形成了适合中国情况的科学指导思想——毛泽东思想。

中国共产党在领导中国革命、建设和改革的实践中，实现了马克思主义同中国实际相结合的两次历史性飞跃，产生了两大理论成果。第一次飞跃的理论成果是毛泽东思想。第二次飞跃的理论成果是中国特色社会主义理论体系，包括邓小平理论、“三个代表”重要思想以及科学发展观等重大战略思想，是马克思主义中国化的最新理论成果，坚持和发展了马克思列宁主义、毛泽东思想。接下来我们就具体来了解一下一代代的共产党人是怎样开拓马克思主义的新境界的。

二、邓小平对中国特色社会主义的贡献

第一，重新确立实事求是的思想路线。

一切从实际出发，实事求是的思想路线，是以毛泽东为代表的党的第一代领导集体在延安时期创立的。它是在和以王明为代表的党内“左”倾教条主义斗争中产生的，有了实事求是的思想路线，才有了马克思主义中国化的第一次飞跃，也才有了毛泽东思想，中国新民主主义革命才取得了伟大胜利。但是，建国以后，毛泽东逐渐离开了毛泽东思想的轨道，逐渐脱离了实事求是的思想路线，直到““文化大革命””，党的思想、政治、组织路线基本上完全偏离了马克思主义的正确轨

道，也完全脱离了中国社会主义的实际，于是马克思主义中国化的进程不仅停止了，而且倒退了，最终酿成了“文化大革命”，结果给中国各族人民带来了一场史无前例的灾难。在这种思想禁锢下，真理失去了光芒，实践失去了地位，代之而起的只能是愚昧、荒唐和野蛮。

1976年10月，“四人帮”被粉碎，这时本应该彻底否定“文化大革命”的错误，回到正确的路线上来，可此时又遇到了“两个凡是”的阻碍，党的思想路线依然被禁锢着不能解放。在这个特殊的历史时期，是邓小平组织和领导了一场关于真理标准问题的大讨论，为恢复实事求是的思想路线奠定了理论基础。1978年5月，关于真理标准问题的大讨论开始以后，邓小平敏锐地看到这场理论争论的深远意义，满腔热情地给予了高度评价和积极支持，他指出：“只有解放思想，坚持实事求是，一切从实际出发，理论联系实际，我们的社会主义现代化建设才能顺利进行，我们党的马列主义、毛泽东思想的理论也才能顺利发展。从这个意义上说，关于真理标准问题的争论，的确是个政治问题，是个关系到党和国家前途和命运的问题。”为了冲破“两个凡是”的思想束缚，为了把真理标准问题的讨论引向深入，邓小平在这个阶段就完整准确地对待毛泽东思想科学体系，就反对思想僵化，倡导思想解放。他曾多次指出，有些人天天讲毛泽东思想，却往往忘记、抛弃，甚至反对毛泽东倡导的实事求是，一切从实际出发和理论与实践相结合这一马克思主义的根本观点和根本方法。不仅如此，有的人还认为谁要是坚持实事求是，谁就犯了弥天大罪。他们的观点实质上是主张只要照抄照搬马列、毛泽东的原话就行了，“这个问题不是小问题，而是涉及到怎么看待马列主义、毛泽东思想的问题”。并反复强调，“要对毛泽东思想有一个完整准确的认识，要善于学习、掌握和运用毛泽东思想的体系来指导我们各项工作”。

这样，在邓小平的精心指导下，真理标准问题的大讨论最终发展成为一场全国性的马克思主义思想解放运动，它打破了过去盛行的个人崇拜和教条主义的精神枷锁，冲破了“两个凡是”的思想禁锢，为重新恢复和确立起马克思主义的思想路线奠定了群众基础和理论基础。

党的十一届三中全会标志着实事求是思想路线的重新恢复，邓小平在会前发表的主题报告《解放思想，实事求是，团结一致向前看》，对这一思想路线进行了全面论述。他强调，要实现四个现代化，如同过去搞革命一样，必须实事求是，这是无产阶级世界观的基础，是马克思主义的思想基础，而当前要恢复实事求是的传统，就必须解放思想，克服党内由于种种原因而形成的思想僵化的状态，思想不解放、思想僵化，就会产生死守条条框框、随风倒、不从实际出发的本本主义等怪现象，不打破思想僵化，不大力解放干部和群众的思想，四个现代化就没有希望。他说："一个党，一个国家，一个民族，如果一切从本本出发，思想僵化，迷信盛行，那它就不能前进，它的生机就停止了，就要亡党亡国。"

思想路线的拨乱反正，是一切拨乱反正和整个改革开放的前提和先导，也是回到马克思主义中国化正确轨道的必要条件。十一届三中全会以后，我们党继续推进思想路线、政治路线和组织路线上的拨乱反正，邓小平发表了一系列谈话，比较全面地阐述了以经济建设为中心，走中国式现代化建设道路等重大问题。这是邓小平运用马克思主义的立场、观点和方法指导实践的结果，从而在新的历史条件下丰富和发展了马克思主义，开始了马克思主义中国化的第二次飞跃。特别是在党的十二大上，邓小平在提出“建设有中国特色的社会主义”的崭新命题的同时，又一次强调了马克思主义中国化的重要意义，他指出：“我们的现代化建设，必须从中国的实际出发，无论是革命还是建设，都要注意学习和借鉴外国经验。但是，照抄照搬别国经验、别国模式，从来不能得到成功。这方面我们有过不少的教训。把马克思主义的普遍真理同我国的具体实际结合起来，走自己的道路，建设有中国特色的社会主义，这就是我们总结长期历史经验得出的基本结论。”邓小平在探索建设有中国特色社会主义道路的过程中，在关于什么是马克思主义的论述中，谈得最多的是他认为马克思主义是不断与实际相结合，不断发展的科学。他说：“马克思去世一百多年后，究竟发生了什么变化，在变化的条件下，如何认识和发展马克思主义，没有搞清楚，真正的马克思列宁主义者必须根据现在的情况，认识、继承和发展马克思列宁主义。”“科学社会主义是在实际斗争中发展着，马列主义、毛泽东思想是在实际斗争中发展着。我们当然不会由科学的社会主义退回到空想的社会主义，也不会让马克思主义停留在几十年或一百多年前的个别论断的水平上。所以我们反复说，解放思想，就是要用马列主义、毛泽东思想的基本原理，研究新情况，解决新问题。”

由此可见，正是在以邓小平为核心的第二代中央领导集体的努力下，扫清了“两个凡是”的思想障碍，恢复了实事求是的思想路线，树立了对待马克思主义、毛泽东思想的科学态度，才使中断了的马克思主义中国化的进程得以继续，也才有可能实现马克思主义中国化的第二次飞跃。

第二，认清中国的国情。

马克思主义中国化，无疑是以中国国情为基础的。所以准确判断和深入认识国情，应该是马克思主义中国化必不可少的重要条件。在马克思主义中国化的第一次飞跃中，就是因为毛泽东科学地分析和全面论述了半殖民地半封建的中国社会性质及其基本特征，而且科学地定位了中国新民主主义革命的性质、任务、动力、前途和步骤，才成功创造出了中国革命中的马克思主义，即毛泽东思想。建国以后，特别是在生产资料所有制的社会主义改造基本完成以后，党对社会主义中国的国情认识经历了反复和曲折，但其认识的主线是“超越历史阶段”的，是不符合中国社会主义实际的。改革开放以后，邓小平以实践检验真理的态度审视着中国当时的社会主义，多次告诫全党，必须实事求是、科学地认识国情。

1979年3月，针对当时再次出现的冒进倾向，恢复工作不久的邓小平便提出了不同的意见。他在党的理论工作务虚会上指出，要使中国实现四个现代化，至少有两个特点是必须看到的：一是底子薄，经济、技术落后；二是人口多，耕地少。这种情况不是很容易改变的，这就成为中国现代化建设必须考虑的特点，“中国式的现代化，必须从中国的特点出发”。在对中国国情的认识上，他鲜明地表现出了不同于以往的思维倾向。这为社会主义初级阶段理论的提出，从战略上指明了方向，奠定了基础。随后邓小平在多个场合提到，我们现在的社会主义还“不够格”、“不发达”。

第一次提出社会主义初级阶段，是在1981年邓小平主持起草的《关于建国以来党的若干历史问题的决议》里，决议规定，“我们的社会主义制度还是处于初级的阶段”。接着在党的十二大报告中采用了这个提法，“我们的社会主义社会现在还处在初级发展阶段”，并把“物质文明不发达”看作是它的重要特征。可以说，从邓小平提出国情的两个特点开始，到党的十三大全面论述社会主义初级阶段，这期间经历了8年时间，而这8年正是改革开放艰难探索的时期，为了准确把握和深刻认识中国国情，邓小平以伟大的政治家、战略家和理论家的气魄，突破了传统社会主义的“左”倾束缚，史无前例地提出了“贫穷不是社会主义”、“落后也不是社会主义”的命题，并确定了把是否有利于生产力的发展作为标准，衡量中国的社会主义。毫无疑问，按我国生产力发展的水平，也仅仅只能处在初级阶段。所以，当1987年3月，拟定以社会主义初级阶段为立论，起草党的十三大报告时，他欣然批示，“这个设计好”。1987年10月，党的十三大对社会主义初级阶段作了系统的论证，并且明确了初级阶段理论是建设社会主义的基础理论。

邓小平提出的社会主义初级阶段理论，实际上就是社会主义中国的国情，有了它马克思主义中国化就有了现实基础。也正如邓小平所讲，“中国社会主义是处在一个什么阶段？就是处在初级阶段，是初级阶段的社会主义。社会主义本身是共产主义的初级阶段，而我们中国又处在社会主义的初级阶段，就是不发达的阶段，一切都要从这个实际出发，根据这个实际来制定规划”。马克思主义中国化的第二次飞跃，就是以社会主义初级阶段的中国为基地的。在这个基础上逐步形成了马克思主义中国化的理论成果，即邓小平理论。

第三，邓小平对社会主义本质的论述。

邓小平在马克思主义中国化中最突出的贡献，莫过于他创立的建设有中国特色的社会主义理论和在这个理论指导下的中国社会主义现代化的伟大实践。这一理论在后来党的十五大上被概括为邓小平理论。它之所以当之无愧地被看作是当代中国的马克思主义，主要是因为它解决了自社会主义产生以来，各国共产党和工人党都没有解决好的“什么是社会主义和怎样建设社会主义”的重大问题。

社会主义既是一种学说、一种运动，又是一种社会制度。马克思、恩格斯并没有刻意对社会主义的特征和本质作明确的规定，但他们曾经指出：社会主义是“关于无产阶级解放的条件的学说”，“社会主义运动代表着工人阶级和劳动人民目前和未来的目的和利益”，“社会主义制度是在保证社会生产力高度发展的同时又保证人类自由而全面发展的这样一种社会形式”。他们所设想的社会主义经典模式是建立在资本主义充分发展的基础上，是高度的工业化和高度生产社会化的产物，是资本主义生产关系再也容纳不了它所创造的物质生产力的结果。但是由于特殊的历史条件和其他多种因素，首先建立社会主义制度的不是发达的资本主义国家，而是远不发达的落后国家，因此，现实的社会主义在其历史前提下不同于经典模式。首先，现实社会主义不是在工业化高度发展的基础上建立起来的，而是基本上处于前工业社会，因此，其首要任务是实现国家的工业化；其次，现实的社会主义国家占主体地位的生产方式不是社会化的大生产，而是分散的小生产；第三，在这些国家中，社会经济的商品化、市场化程度还很低，自然经济还占着统治地位。因而它们必须经历一个很长的时期去实现别的许多国家在资本主义条件下实现的国家工业和生产的商品化、社会化、现代化等任务。所以，对于现实的社会主义来说，解放生产力和迅速发展生产力，就具有更为特殊的和绝对必需的意义。

然而，在过去一个相当长的时间里，对于这个首要问题，人们无论在理论上还是实践上都没有完全搞清楚。苏联社会主义搞了70多年，由于没有完全搞清楚这个问题及其他一些原因而失败了。我们自己对这个问题也不是完全清楚的。邓小平总结国内外社会主义运动正反两个方面的历史经验，从更深的层次上对社会主义的本质作了一个新的概括，他指出："社会主义的本质，是解放生产力，发展生产力，消灭剥削，消除两极分化，最终达到共同富裕。"这个概括中的"解放生产力，发展生产力"，是社会主义的内在要求，是社会主义优越性的表现，因而是社会主义的第一要务。要发展生产力，除了要依靠科技教育之外，还要进一步解放生产力，即改革建立社会主义基本制度之后仍然束缚生产力发展的体制。"消灭剥削，消除两极分化"，是社会主义题中应有之义，社会主义社会是公平、公正的社会，理所当然地要消灭剥削，消除两极分化。但这不是一下子可以实现的，需要有一个过程，需要生产力的高度发展。"最终达到共同富裕"，这是社会主义的根本目的和价值所在。共同富裕既是社会主义的最终目的，也是社会主义发展过程中始终要坚持的奋斗方向，而它也只能在保障生产力不断发展的基础上才能逐步实现。

邓小平对社会主义本质的新概括，既有很强的现实针对性，又具有普遍的适用性。它坚持了生产力和生产关系的统一，一方面从生产力上揭示了社会主义本质的核心内容是"解放生产力，发展生产力”；另一方面又从生产关系上揭示了社会主义本质的重要内容是“消灭剥削，消除两极分化，最终达到共同富裕”，这既克服了离开生产力而抽象地从生产关系角度界定社会主义本质的片面性，又避免了那种单纯讲生产力而不讲生产关系，混淆社会主义和资本主义根本区别的错误倾向。同时，邓小平又把社会主义的根本任务和根本目的统一起来，一方面揭示了社会主义的根本任务是发展生产力，抓住了历史唯物主义的根本目的是实现共同富裕，抓住了社会主义的价值所在，划清了社会主义与资本主义的界限。这样，把人们对社会主义的认识提高到了新的水平。

三、十三届四中全会以来对中国特色社会主义的深化

党的十三届四中全会以来，以江泽民为主要代表的中国共产党人，根据国内外形势和党的历史方位的变化，进一步回答了什么是社会主义、怎样建设社会主义和建设什么样的党、怎样建设党的问题，深化了对中国特色社会主义的认识。形成了“三个代表”重要思想，实现了党的指导思想又

一次的与时俱进。

2000年2月，江泽民在广东考察工作时，第一次提出“三个代表”的要求。同年5月的一次谈话中，他又指出：“始终做到‘三个代表’，是我们党立党之本、执政之基、力量之源。”2001年7月，江泽民在纪念建党80周年的大会上，全面阐述了“三个代表”的科学内涵和基本内容。江泽民指出：总结80年的奋斗历程和基本经验，展望新世纪的艰巨任务和光明前途，我们党要继续站在时代前列，带领人民胜利前进，归结起来就是始终代表中国先进社会生产力的发展要求，始终代表中国先进文化的前进方向，始终代表中国最广大人民的根本利益。

“三个代表”思想的科学内涵是指：第一，我们党要始终代表中国先进生产力的发展要求，就是党的理论、路线、纲领、方针、政策和各项工作，必须努力符合生产力发展的规律，体现不断推动社会生产力的解放和发展的要求，尤其要体现推动先进生产力发展的要求，通过发展生产力不断提高人民群众的生活水平。第二，我们党要始终代表中国先进文化的前进方向，就是党的理论、路线、纲领、方针、政策和各项工作，必须努力体现发展面向现代化、面向世界、面向未来的，民族的、科学的、大众的社会主义文化的要求，促进全民族思想道德素质和科学文化素质的不断提高，为我国经济发展和社会进步提供精神动力和智力支持。第三，我们党要始终代表中国最广大人民的根本利益，就是党的理论、路线、纲领、方针、政策和各项工作，必须坚持以人民的根本利益作为出发点和归宿，充分发挥人民群众的积极性、主动性、创造性，在社会不断发展进步的基础上，使人民群众不断获得切实的经济、政治、文化利益。

“三个代表”是统一的整体，相互联系，相互促进。发展先进生产力是发展先进文化的基础，是实现最广大人民根本利益的前提；发展先进文化，是发展先进生产力和实现最广大人民根本利益的重要思想保证；发展先进生产力和先进文化，归根到底是为了实现最广大人民的根本利益，而人民群众则是创造先进生产力和先进文化的主体，也是实现自身利益的根本力量。

“三个代表”重要思想继承和发展了马克思主义关于人类社会前进最终是由生产力发展决定的，同时是由先进文化引导的，由人民群众推动的基本原理，是对马克思主义唯物论的新贡献。“三个代表”重要思想揭示了中国特色社会主义市场经济、社会主义民主政治和社会主义先进文化的有机统一，社会主义物质文明、政治文明和精神文明全面发展，党领导的伟大事业同党的建设新的伟大工程相互促进的进程。“三个代表”重要思想的形成，表明党对共产党的执政规律、社会主义建设规律和人类社会发展规律的认识，达到了新的理论高度。这是对马克思主义建党学说的新发展。

党的十六大以来，以胡锦涛为总书记的党中央立足社会主义初级阶段基本国情，总结我国发展的实践，借鉴国外发展经验，适应新的发展要求提出了科学发展观的重大战略思想，进一步回答了实现什么样的发展、怎样发展这一关系到中国未来前途和命运的重大问题。

2003年9月2日，胡锦涛在江西考察时说：“要牢固树立协调发展、全面发展、可持续发展的科学发展观，积极探索符合实际的发展新路子。”这是第一次公开讲话中使用“科学发展观”。2007年10月，胡锦涛在党的十七大报告中进一步深刻阐述了科学发展观的时代背景、科学内涵、精神实质和根本要求。科学发展观的第一要义是发展，核心是以人为本，基本要求是全面协调可持续，根本方法是统筹兼顾。

科学发展观的第一要义是发展。发展是马克思主义的重要范畴，马克思主义最注重的就是发展生产力，早在《共产党宣言》中马克思、恩格斯就提出，无产阶级夺取政权后，要大力发展生产力，尽可能快地增加生产力的总量。在我们这样经济文化比较落后的社会主义国家里，更要把发展生产力作为第一要务。因为中国共产党的执政地位是人民的选择，而人民之所以选择中国共产党，从根本上说是因为它能够领导中国实现民富国强、振兴中华。只有坚持发展，才能提高人民物质文化生活水平，实现全面建设小康社会的宏伟目标，增强综合国力，实现中华民族伟大复兴。只有紧紧抓住和不断推动发展，把发展作为主题，才能从根本上把握人民的愿望，把握社会主义现代化建设的本质，把握我们党执政兴国的关键，不断巩固和发展党执政的群众基础。因此，我们必须把发展作为党执政兴国的第一要务，牢牢抓住经济建设这个中心，坚持聚精会神搞建设、一心一意谋发展，不断解放和发展社会生产力。要着力把握发展规律，创新发展理念，转变发展方式，破解发展难题，提高发展质量和效益，实现又好又快发展，为中国特色社会主义打下坚实的基础。

科学发展观的核心是以人为本。坚持以人为本，就是以最广大人民的根本利益为本。就是坚持人民群众是历史创造者的唯物史观基本原理，坚持全心全意为人民服务的党的根本宗旨，把依靠人作为发展的根本前提，把提高人作为发展的根本途径，把尊重人作为发展的根本准则，把为了人作为发展的根本目的，始终把实现好、维护好、发展好最广大人民的根本利益作为党和国家一切工作的出发点和落脚点，尊重人民主体地位，发挥人民首创精神，保障人民各项权益，走共同富裕的道路，促进人的全面发展，做到发展为了人民，发展依靠人民，发展成果由人民共享。以人为本，不仅主张人是发展的根本目的，回答了为什么发展、发展“为了谁”的问题；而且主张人是发展的根本动力，回答了怎样发展、发展“依靠谁”的问题。“为了谁”和“依靠谁”是分不开的。人是发展的根本目的，也是发展的根本动力，一切为了人，一切依靠人，二者的统一构成以人为本的完整内容。只讲根本目的，不讲根本动力，或者只讲根本动力，不讲根本目的，都不符合唯物史观。

毛泽东指出，人民群众是历史的主人；同时指出，人民，只有人民，才是创造世界历史的动力。胡锦涛说，相信谁、依靠谁、为了谁，是否始终站在最广大人民的立场上，是区分历史唯物主义和历史唯心主义的分水岭，也是判断马克思主义执政党的试金石。需要特别强调的是，胡锦涛所有关于以人为本的论述，都十分明确地指出，我们所讲的以人为本，是以广大的人民群众为本，这里的人不是抽象的人，也不是某个人、某些人。一切为了人，一切依靠人，就是一切为了人民群众，一切依靠人民群众。

科学发展观的基本要求是坚持全面协调可持续发展。我们所追求的发展，不是片面的发展、不计代价的发展、竭泽而渔式的发展，而是全面的、协调的、可持续的发展。全面，指各个方面都发展；协调，指各个方面的发展要相互适应；可持续，是指发展进程要有持久性、连续性。这就要求我们要按照中国特色社会主义事业总体布局，全面推进经济建设、政治建设、文化建设、社会建设，促进现代化建设各个环节、各个方面相协调，促进生产关系与生产力、上层建筑和经济基础相协调。坚持生产发展、生活富裕、生态良好的文明社会发展道路，建设资源节约型、环境友好型社会，实现速度和结构质量效益相统一、经济发展与人口资源环境相协调，使人民在良好的生态环境中生产生活，实现经济社会的永续发展。

科学发展观的根本方法是统筹兼顾。深刻体现了唯物辩证法在发展问题上的科学运用，深刻揭示了实现科学发展、促进社会和谐的基本途径，深刻反映了坚持全面协调可持续发展的必然要求。深入贯彻落实科学发展观，必须坚持运用统筹兼顾的科学发展观，善于把握经济社会发展的全局。在现代化建设进程中，坚持统筹兼顾，就是既要总览全局、统筹规划，又要抓住牵动全局的主要工作、事关群众利益的突出问题。要统筹城乡发展、统筹区域发展、统筹经济社会发展、统筹人与自然和谐发展、统筹国内发展和对外开放，统筹中央和地方关系，统筹个人利益和集体利益、局部利益和整体利益、当前利益和长远利益，统筹国内国际两个大局，使各个方面的发展相适应、相协调。

总之，科学发展观是我们长期坚持的指导思想。第一，科学发展观是马克思主义同当代中国实际和时代特征相结合的产物，同邓小平理论和“三个代表”重要思想一脉相承而又与时俱进，是中国特色社会主义理论体系的最新成果。

科学发展观是以马克思列宁主义、毛泽东思想、邓小平理论、“三个代表”重要思想为指导，立足社会主义初级阶段的基本国情，总结我国发展实践，借鉴国外发展经验，适应新的发展要求而提出来的，既坚持了马克思主义基本原理，又根据新的实践和时代发展推进了马克思主义中国化。科学发展观和邓小平理论、“三个代表”重要思想，是中国特色社会主义理论体系三个紧密联系的有机组成部分，是既一脉相承又与时俱进的统一的科学体系。说一脉相承，是因为它们面对着共同的时代课题，面临着共同的历史任务，都贯穿了中国特色社会主义这个主题，都坚持辩证唯物主义和历史唯物主义的世界观和方法论，都坚持党的最高纲领和最低纲领的统一，都坚持代表最广大人民的根本利益，在理论主题、思想基础、政治理想、根本立场上一以贯之。说与时俱进，是因为科学发展观用一系列具有鲜明时代特点的新思想、新观点、新论断，对坚持和发展中国特色社会主义做出了历史性的贡献，是对邓小平理论、“三个代表”重要思想的创造性发展，是中国特色社会主义理论体系的重要创新成果，赋予了当代中国马克思主义勃勃生机。在新的历史条件下，深入贯彻落实科学发展观，就是对邓小平理论、“三个代表”重要思想的最好坚持和最好实践。

第二，科学发展观是马克思主义关于发展的世界观和方法论的集中体现，对新形势下实现什么样的发展、怎样发展等重大问题作出了新的科学回答，把我们对中国特色社会主义规律的认识提高到新的水平。

发展是党执政兴国的第一要务，中国特色社会主义是靠发展来巩固、在发展中推进的。进入新世纪新阶段，我国经济社会发展呈现出一系列新的阶段性特征，进入了发展关键期、改革攻坚期、矛盾凸显期。我们具备非常有利的发展条件，同时发展中不平衡、不协调、不可持续问题比较突出，长期积累的深层次矛盾日益显露，制约发展的体制机制障碍增多，发展方式粗放、发展效益不高、发展代价过大，传统的经济增长模式难以为继。在这样的情况下，如何解决好发展中的突出矛盾和问题，保持我国发展的良好势头，成为一项重大而紧迫的课题。科学发展观紧紧围绕实现什么样的发展、怎样发展的问题，作出一系列新的理论概括，提出坚持以人为本，实现全面、协调、可持续发展；提出构建社会主义和谐社会，加快推进生态文明建设，全面落实中国特色社会主义事业总体布局；提出建设社会主义核心价值体系，建设社会主义文化强国；提出建设社会主义新农村，建设创新型国家；提出坚持走和平发展道路，推动建设和谐世界；提出坚持统筹兼顾，正确认识和妥善处理中国特色社会主义事业中的重大关系；提出加强党的执政能力建设、先进性和纯洁性建设等重大战略思想。这些重大战略思想，准确把握我国发展的阶段性特征，科学总结实践新创造，深入回答时代新课题，继承和发展了马克思主义关于发展的基本观点，集中体现了我们党在发展中国特色社会主义一系列重大问题上取得的新成果，使我们对共产党执政规律、社会主义建设规律、人类社会发展规律的认识达到新高度，把中国特色社会主义理论体系推进到新境界。

第三，科学发展观是指导党和国家全部工作的强大思想武器，引领我国经济社会发展取得了新的历史性成就，在实践中显示了科学理论的强大真理力量。

科学发展观的形成和发展，是一个理论创新和实践创新、理论发展和实践发展紧密结合、相互促进的过程。党的十六大以来，我们党深入贯彻落实科学发展观，制定一系列战略部署，实施一系列重大举措，全面推进经济建设、政治建设、文化建设、社会建设、生态文明建设，为全面建成小康社会打下坚实基础。这十年，我们走过了很不平坦的道路，战胜了一系列重大挑战，创造了科学发展的辉煌业绩，把中国特色社会主义推进到新的发展阶段，在中华民族复兴史上谱写了浓墨重彩的崭新篇章。十年来，我国社会生产力、经济实力、科技实力迈上一个大台阶，人民生活水平、居民收入水平、社会保障水平迈上一个大台阶，综合国力、国际竞争力、国际影响力迈上一个大台阶。我们有效应对国际金融危机的严重冲击，成功举办北京奥运会、残奥会和上海世博会，战胜突如其来的“非典”疫情，夺取抗击汶川特大地震等严重自然灾害和灾后恢复重建重大胜利，妥善处置一系列重大突发事件，巩固和发展了改革开放和社会主义现代化建设大局，彰显了中国特色社会主义的巨大优越性和强大生命力，增强了中国人民和中华民族的自豪感和凝聚力。实践充分证明，科学发展观是指导全面建设小康社会、发展中国特色社会主义的正确理论，是我们经受考验、化危为机、赢得主动的精神支柱。

以上历史表明，自中国共产党成立以来，无论是在革命时期、改革时期，还是在建设时期，中国共产党始终坚持共产主义的崇高信念，坚定对马克思主义真理的追求，坚持马克思主义指导地位不动摇，不断推进马克思主义中国化理论创新。中国共产党在探索中国社会的社会主义建设进程中形成了毛泽东思想、邓小平理论、“三个代表”重要思想以及科学发展观等重大战略思想。它们是马克思主义和中国具体实际相结合的产物，是中国化的马克思主义，是我们不断追求马克思主义真理的理论成果。

实践证明，马克思主义是科学的理论，科学的理论具有发展性，需要不断丰富、完善与发展。马克思主义是从人类社会实践的客观实际抽象出来的科学理论，是对自然、社会和人类思维发展规律的深刻认识，都是对人民群众在实践中创造的新鲜经验的科学总结。马克思主义之所以要发展，关键是社会实践是在不断发展变化的，这就要求作为反映客观实际的马克思主义必须随着时间的推移、形势的发展、情况的变化，即实际的变化、实践的发展而不断发展，通过不断推进理论创新来丰富和完善马克思主义理论宝库。马克思主义需要发展，马克思主义必然要发展。发展赋予了马克思主义巨大的生命力。马克思主义在实践中不断完善，并以不断发展和完善的马克思主义指导新的社会实践。马克思主义发展史，其实就是一部马克思主义不断发展和完善的历史，是一部不断发展着的马克思主义指导新的社会实践的历史。所以，江泽民强调指出："实践没有止境，解放思想也没有止境。我们要突破前人，后人也必然要突破我们，这是社会前进的基本规律。用发展的观点对待马克思主义，在坚持中发展，在发展中坚持，这就是按规律办事，也是对待马克思主义唯一正确的态度。"马克思主义中国化理论创新成果对指导中国革命、社会主义建设及党的建设发挥着不可替代的理论指导作用。新的时代呼唤新的理论，新的理论指导新的实践。我们不仅要善于总结中国革命和建设的实践经验，在实践中坚持和发展马克思主义，更要用发展着的马克思主义指导新的实践，不断推进中国特色社会主义事业的发展。

总之，我们要明确一点，即真理总是具体的，抽象的真理是没有的。科学社会主义是科学，是真理。所以，科学社会主义这一真理不能从原则出发，也不能照抄照搬，更不能从头脑中虚构出来，它必须从事实出发，从实际出发，具体问题具体分析，并在革命和建设的实践过程中得到不断的补充、发展和完善。因此社会主义不应只有一种形式或几种固定的模式，它应该根据马克思主义科学社会主义的基本原则，结合各国的具体情况，建立具有各自特色的多种多样的社会主义形式。

参 考 文 献

[1]吴黎平. 社会主义史[M]. 北京：北京出版社,1986.

[2]许征帆. 马克思主义学说史(第1卷)[M]. 长春：吉林人民出版社,1987.

[3]许征帆. 马克思主义学说史(第2卷)[M]. 长春：吉林人民出版社,1987.

[4]马克思. 1844年经济学哲学手稿（节选）[M].马克思恩格斯选集（第1卷）[M]. 北京：人民出版社，1995.

[5]叶庆丰，白平浩. 社会主义发展史纲[M]. 北京：中共中央党校出版社，2011.

[6]马克思. 关于费尔巴哈的提纲. 马克思恩格斯选集（第2卷）[M]. 北京：人民出版社，1995.

[7]马克思.《政治经济学批判》导言. 马克思恩格斯选集（第2卷）[M]. 北京：人民出版社，1995.

[8]马克思. 资本论（第1卷）.马克思恩格斯全集（第44卷）[M]. 北京：人民出版社，2001.

[9]马克思. 资本论（第2卷）.马克思恩格斯全集（第45卷）[M].北京：人民出版社，2003.

[10]马克思. 资本论（第3卷）.马克思恩格斯全集（第46卷）[M]. 北京：人民出版社，2003.

[11]恩格斯. 反杜林论. 马克思恩格斯选集（第3卷）[M]. 北京：人民出版社，1995.

[12]恩格斯. 社会主义从空想到科学的发展. 马克思恩格斯选集（第3卷）[M]. 北京：人民出版社，1995.

[13]恩格斯. 路德维希・费尔巴哈和德国古典哲学的终结. 马克思恩格斯选集（第4卷）[M]. 北京：人民出版社，1995.

[14]马克思和恩格斯. 德意志意识形态（节选）. 马克思恩格斯选集（第1卷）[M]. 北京：人民出版社，1995.

[15]马克思和恩格斯. 共产党宣言. 马克思恩格斯选集（第1卷）[M]. 北京：人民出版社，1995.

[16]列宁. 弗里德里希・恩格斯. 列宁选集（第1卷）[M]. 北京：人民出版社，1995.

[17]列宁. 马克思主义的三个来源和三个组成部分. 列宁选集（第2卷）[M].北京：人民出版社，1995.

[18]邓小平. 解放思想，事实求是，团结一致向前看. 邓小平文选（第2卷）[M]. 北京：人民出版社，1994.

[19]邓小平. 在武昌、深圳、珠海、上海等地的谈话要点. 邓小平文选（第3卷）[M]. 北京：人民出版社，1993.

[20]江泽民. 在庆祝中国共产党成立八十周年大会上的讲话[M]. 北京：人民出版社，2003.

[21]江泽民. 论“三个代表”[M]. 北京：中央文献出版社，2001.

[22]胡锦涛. 树立和落实科学发展观. 保持共产党员先进性教育读本[M]. 北京：党建读物出版社，2005.